»Eine Hand voller Sterne« im Unterricht

INHALTSANGABE

u.1

Ein vierzehnjähriger Junge aus Damaskus, dessen Namen wir nie erfahren, beschließt nach einem Besuch bei seinem Freund, dem 75-jährigen Kutscher Salim, ein Tagebuch zu führen (S. 5). Darin berichtet er fast drei Jahre lang über sein Leben und erzählt darüber hinaus viele Geschichten aus seiner Heimatstadt.

Der junge Damaszener ist ein fleißiger und lernwilliger Schüler und bekommt für seine Leistungen als Klassenbester sogar eine Urkunde (S. 21). In seinem Lieblingsfach Arabisch bespricht er unter Anleitung seines Lehrers, Herrn Katib, eigene und von seinem besten Freund Mahmud geschriebene Texte. Herr Katib ist von den Texten immer wieder angetan und bemüht sich, Kontakte zu Verlegern herzustellen, damit sie veröffentlicht werden. Der Junge möchte später Journalist und Schriftsteller (S. 25) werden. Den Traum vom Journalismus kann er jedoch nicht verwirklichen, weil sein Vater nicht zulässt, dass er trotz der Intervention des Lehrers auf die weiterführende Schule geht (S. 103). So ist der Junge gezwungen, in der Bäckerei seines Vaters zu arbeiten, damit er etwas zu dem Familieneinkommen beisteuert.

Der Junge ist mit dieser Situation unzufrieden und möchte von zu Hause abhauen. Doch Salim überzeugt ihn davon, zunächst einmal für sechs Monate in der Bäckerei zu arbeiten (S. 107 f.). So bleibt der Junge in Damaskus und arbeitet weiter in der Bäckerei – zunächst einmal in der Produktion und an der Kasse, dann mit einem Korb als Brotlieferer. Obwohl ihm diese Tätigkeit schwerfällt, da er manchmal bis zu fünfzehn Kilogramm schleppen muss, hat er Spaß daran, weil er aus der Eintönigkeit des Ladens herauskommt, etwas mehr Geld erhält und außerdem neue Menschen kennenlernt. Mariam (S. 112) und später Habib (S. 122) gehören zu diesen Personen.

Als der Bäckerjunge eines Tages Mariam von seinem Berufstraum erzählt, verspricht sie ihm, ihn mit einem guten Journalisten bekannt zu machen. So lernt er den regimekritischen Habib kennen. Obwohl Habib ihm ständig davon abrät, Journalist zu werden (S. 124), bleibt der Junge hartnäckig und will die Techniken dieses Metiers erlernen. Der pessimistische Habib gibt schließlich auf und bringt ihm anhand von einigen Schreibübungen einiges bei.

Mit Habibs Hilfe und mit dem Einverständnis seines Vaters fängt der Junge an, in einer Buchhandlung zu arbeiten (S. 153). Damit kann er sich besser arrangieren als mit der Arbeit in der Bäckerei. Er bangt jedoch mit seinem Freund Mahmud, der ebenfalls die Schule verlassen musste, da dieser seine Stelle verliert und keine neue Arbeit findet (S. 155 ff.). Die Beziehung zu seiner Freundin Nadia macht dem Jungen ebenfalls große Sorgen, weil ihr Vater gegen das Verhältnis ist. Das Leben des Jungen ist demnach von Höhen und Tiefen in den armen Vierteln von Damaskus geprägt.

Das Verhältnis zu seinem Vater verbessert sich zusehends, als der Junge seine Gedichte in einem Gedichtband junger Dichter veröffentlichen kann (S. 146 ff.). Der Vater ist nun stolz auf seinen Sohn und lässt ihn jetzt doch seinen Weg gehen. Der Junge fühlt sich in seinem Berufswunsch bestätigt und schreibt weiter. Er kommt eines Tages auf die Idee, eine illegale Zeitung, die »Sockenzeitung« (S. 185 ff.), herauszubringen, in der er zusammen mit Habib und Mahmud die Zustände in Syrien kritisiert. Sie verbreiten sie zunächst in billigen Socken, daher der Name. Später entwickeln sie noch andere kreative »Vertriebswege«. Die Zeitung gewinnt einen solchen Einfluss, dass sie ein Dorn im Auge der demokratiefeindlichen Mächte und daher auch für die Herausgeber eine gefährliche Beschäftigung wird. Am Ende des Romans wird Habib erneut verhaftet. Die »Sockenzeitung« wird es aber weiter geben – der Junge allein trägt nun die Verantwortung dafür.

Rafik Schamis erfolgreicher Roman erschien erstmals 1987, bekam viele Preise und wurde in zahlreiche Sprachen übersetzt. Er liegt auch als Hörbuch vor (s. S. 12).

DIDAKTISCHES PROFIL DES ROMANS

Das didaktische Potenzial des Romans als Unterrichtslektüre liegt in der Verknüpfung von vertrauten, assimilativen und eher neuen, akkomodativen Aspekten. Vertraute Charakteristika des Textes sorgen dafür, dass die Schüler:innen von sich aus einen Zugang zum Text finden können und dass Anknüpfungsmöglichkeiten für eine eigene Textdeutung vorhanden sind (Assimilation). Dieser Aspekt betrifft das lesefördernde Potenzial. Neue zusätzliche Anforderungen, die der Text an ein Verstehen der Schüler:innen stellt, betreffen eher den Bereich des literarischen Lernens. Im Überblick lässt sich das didaktische Profil von »Eine Hand voller Sterne« folgendermaßen skizzieren:

Dimension des Textes	Das Vertraute: Möglichkeit zur Assimilation (Leseförderung)	Das Neue: Notwendigkeit zur Akkomodation (literarisches Lernen)
Wirklichkeitsbezug	▸ Realistische Darstellung der Entwicklung eines Jugendlichen	▸ Ein fernes Land mit einem anderen Gesellschaftssystem als Schauplatz der Geschichte
Thematik	▸ Jugendliche Identitätssuche ▸ Liebe und Freundschaft ▸ Zivilcourage ▸ Vater-Sohn-Problematik ▸ Familiäre Konflikte	▸ Staatsgewalt ▸ Leben in einer Diktatur ▸ Zensur ▸ Kinderarbeit ▸ Multikulturelles und -religiöses Leben
Figuren	▸ Identifikationsfiguren: die Hauptfigur, Mahmud, Habib und Nadia ▸ Negative Identifikationsangebote: Nadias Vater, Josef	▸ Identifikation mit ambivalenten (Neben-)Figuren: der Verrückte, Mariam ▸ Älterer Mann (Onkel Salim) als Freund/Ziehvater
Sprache/Stil	▸ Einfache und klare Sprache ▸ Äußere und innere Handlung	▸ Sprachliche Bilder ▸ Metaphern
Literarische Formelemente/ Erzählkonzept	▸ Jugendlicher Ich-Erzähler	▸ Tagebuchroman ▸ Keine Kapitelgliederung im klassischen Sinn ▸ Mehrere Handlungsstränge

»Eine Hand voller Sterne« bietet insgesamt eine gelungene Mischung aus leseförderndem Potenzial und Notwendigkeiten zur »Akkomodation« bestehender Verstehensschemata. Aufgrund der Verortung der Geschichte in einem für die Schüler:innen gänzlich fremden Land eignet sich diese Lektüre vor allem für die Klassenstufen 7 bis 9. Durch die vielen Themen, die darin behandelt werden, bietet das Buch vielfältige Möglichkeiten für einen fächerverknüpfenden Unterricht, z. B. in Verbindung mit Gesellschaftslehre, Erdkunde, Geschichte, Religion oder Ethik/Philosophie.

LITERARISCHES PROFIL DES ROMANS

u.3

Der im Jahr 1987 erschienene Roman »Eine Hand voller Sterne«, der im selben Jahr schon den Zürcher Kinder- und Jugendbuchpreis »La vache qui lit« und den Preis der Leseratten des ZDF erhielt, erzählt die Geschichte eines Jugendlichen in Damaskus an der Schwelle zum Erwachsenen. Schami verwebt hier, wie in allen seinen Büchern, mehrere Geschichten ineinander, verbindet so viele Erzählstränge und sorgt dafür, dass der Roman längst nicht nur für Jugendliche interessant ist. In dem Buch spiegelt sich das bunte Leben des Orients in raffiniert und humorvoll ineinander verschachtelten Geschichten wider.

Themen und Motive

»Eine Hand voller Sterne« thematisiert aus der Sicht des Protagonisten die **Identitätsfindung** eines jungen Menschen, der in armen Verhältnissen in der syrischen Metropole Damaskus lebt. Er führt mit 14 Jahren ein Tagebuch, in dem er seine Lebensgeschichte bis zum 17. Lebensjahr erzählt. Der Sohn eines Bäckers erlebt tagtäglich das schwierige Leben seines Vaters, der sieben Tage in der Woche in seiner Bäckerei arbeitet. Für die Hauptfigur des Romans ist ein solches Leben unvorstellbar. Er vergleicht es mit einem Gefängnis. Der Beruf, von dem er träumt, ist ein ganz anderer: Der Sohn des Bäckers möchte gerne Journalist werden. Doch sein Vater ist vehement dagegen, da er der Meinung ist, dass dies ein Beruf »für Nichtsnutze« sei. Obwohl der Protagonist Klassenbester ist, in seiner Freizeit auch anspruchsvolle Literatur liest und selbst Gedichte schreibt, verwehrt ihm sein Vater den Besuch der weiterführenden Schule. Der Junge findet zunächst keine andere Möglichkeit, als nachzugeben und in der Bäckerei seines Vaters zu arbeiten. Anfangs kommt er mit diesem Job überhaupt nicht zurecht, weil er unbedingt weiter zur Schule gehen möchte. So spielt er mit dem Gedanken, von zu Hause wegzugehen. Doch sein »Ziehvater«, der Kutscher Salim, überzeugt ihn davon, diese Entscheidung für eine bestimmte Zeit aufzuschieben. Ohne sein Berufsziel aus den Augen zu verlieren, arbeitet er zwar weiter in der Bäckerei, aber er beschäftigt sich auch mit Dingen, die ihn voranbringen und die die Tortur des Alltags mildern: Er schreibt weiterhin Gedichte, bemüht sich, sie zu veröffentlichen, liest viel und gründet mit seinen Freunden die für Gerechtigkeit kämpfende Untergrundorganisation »Die schwarze Hand«.

Die Veröffentlichung der Gedichte in einem Gedichtband sowie der wirtschaftliche Erfolg der Bäckerei führen dazu, dass sich die **Vater-Sohn-Beziehung** schließlich verbessert. Der Protagonist findet durch die Vermittlung seines »Privatlehrers« und Freundes Habib eine Anstellung in einer Buchhandlung. Sein Vater ist nun sogar mit dieser Entscheidung einverstanden und ist mittlerweile stolz auf seinen Sohn.

Doch sein Engagement gegen Unterdrückung setzt der Junge in einer anderen Form fort: Er kämpft nicht mehr gegen den Vater, der ihm einen Beruf aufzwingt, sondern gegen die **Zensur** und die **Diktatur** in seinem Land. Nachdem er die Methoden des journalistischen Schreibens bei dem erfahrenen und mutigen Journalisten Habib erlernt hat, entwickelt er zusammen mit ihm und seinem ein Jahr älteren Freund Mahmud die Idee, eine illegale Zeitung herauszubringen. In dieser Zeitung, die sie zuerst in billigen Socken, dann mithilfe anderer Wege verbreiten, besprechen sie Themen wie Korruption, Diktatur, Übertretung der Befugnisse durch die Machthaber, Kinderarbeit etc. Diese Systemkritik ist für sie lebensgefährlich. Und trotzdem führt ihre **Zivilcourage** und **gesellschaftliche Verantwortung** sie dazu, dass sie die Zeitung weiter veröffentlichen, auch nachdem Habib zum zweiten Mal verhaftet wird.

Für den Protagonisten spielt darüber hinaus noch eine andere Figur, Nadia, eine wichtige Rolle. Denn sie ist die **erste große Liebe** des Bäckerjungen. Nachdem Nadias Vater das Verhältnis zwischen den beiden bemerkt, ordnet er zunächst einmal Stubenarrest an. Er lockert jedoch nach einer gewissen Zeit diesen Arrest, findet allerdings andere Wege, um seine Tochter »zu kontrollieren«. So wird sie meistens von einem der beiden Brüder begleitet. Da Nadia keinen Weg findet, dem Geliebten die Situation zu erklären, geht sie auf Distanz, um nicht noch mehr Strafen zu bekommen. Der Bäckerjunge weiß von alldem nichts und deutet Nadias Verhalten als Ablehnung seiner Liebe bzw. seiner Person, bis er eines Tages alle die Briefe von Nadia bekommt, die sie ihm in dieser Zeit geschrieben hatte, jedoch nicht abschicken konnte.

Folgende weitere Themen und Motive kommen in dem Roman vor: Eine wichtige Rolle spielt das **Familienleben** in Form der Beziehung des Ich-Erzählers zu seiner Mutter und zu seiner Schwester Leila. Durch die von einem Verrückten in mehreren Sprachen verfasste Geschichte lernt der Leser das **multikulturelle und -religiöse Leben** in Syrien bzw. Damaskus kennen. Sowohl der Ich-Erzähler als auch sein Freund Mahmud sind gezwungen, in jungen Jahren zu arbeiten, sodass das Thema **Kinderarbeit** angesprochen wird. Die Jugendlichen können im Allgemeinen nicht ihren Wunschberuf erlernen. Die Eltern greifen bei ihrer **Berufswahl** sehr stark ein, weil sie sich so erhoffen, der **Armut** zu entkommen. Auch in den schwierigsten Zeiten halten die Jugendlichen zusammen und zeigen dem Leser, was **Freundschaft** bedeutet.

Sprache und Erzähltechnik

»Eine Hand voller Sterne« erzählt einen Zeitraum von zwei Jahren und sieben Monaten. Der Protagonist fängt am 12.1. eines unbekannten Jahres an, sein Tagebuch zu schreiben. Er führt es in unregelmäßigen Abständen: Es gibt Zeiten, in denen er täglich schreibt, so z.B. am 12.6. und 13.6. (S. 24), aber auch Zeiten, in denen der Leser Wochen nichts von ihm erfährt. Am 23.12. notiert er z.B.: »Seit fast einem Monat nichts geschrieben« (S. 220). Manchmal notiert er für denselben Tag zwei Einträge, deren Anzahl ist allerdings überschaubar. Auch die Länge der Einträge ist unterschiedlich: Manche gehen über zwei Seiten, andere wiederum nur über einen Abschnitt. Der letzte Tagebucheintrag ist vom 14.7., zweieinhalb Jahre, nachdem der Junge mit dem Tagebuchschreiben angefangen hatte.

In dem Buch gibt es keine Überschriften und Kapitel, lediglich das Datum des jeweiligen Tages dient der Einteilung. Auf diese Art und Weise wirkt die Geschichte authentisch, der Leser erlebt den Alltag des Protagonisten hautnah mit. Diese Identifikation wird außerdem dadurch unterstützt, dass der Erzähler aus der Ich-Perspektive in sein Tagebuch schreibt. Der Leser bangt und zittert mit ihm, spürt seine Ängste und Sorgen und hört zusammen mit ihm den Geschichten des Kutschers Salim zu.

Die Sprache des Romans geht mit dessen Form einher: Sie ist einfach und klar gehalten. Es gibt kaum Fach- oder Fremdwörter. Auf der syntaktischen Ebene ist sie jedoch abwechslungsreich und hebt sich von der Umgangssprache der Jugendlichen ab. So bekommen die jungen Leser mit, wie die Sprache im Munde eines jungen Erzählers funktionieren kann.

Der Protagonist gibt immer wieder Dialoge oder Geschichten aus dem Alltag der Damaszener oder aus dem Mund des weisen Mannes Onkel Salim wieder. So baut er Geschichten in Geschichten ein, was typisch für das orientalische Erzählen und für den Autor Rafik Schami ist. Auf diese Weise erzeugt er einerseits Spannung, lockert jedoch andererseits die düstere Situation auf, in der sich die Figuren immer wieder befinden. Die Spannung wird ferner durch Intrigen und Zänkereien zwischen den Jugendlichen zugespitzt. Der Leser erlebt den Roman somit realitätsnah und kann sich in vielen Situationen wiederfinden.

Die Erzählweise des Romans ist humorvoll. An nicht wenigen Stellen gibt es Vergleiche und Metaphern. Insbesondere in den Geschichten von Onkel Salim tauchen fabelhafte Elemente oder Aphorismen auf. Diese Erzählweise ruft beim Leser nicht nur ein weinendes, sondern auch stets ein lachendes Auge hervor. So werden den Figuren und mit ihnen den Leser:innen immer wieder neue Perspektiven aufgezeigt. Diese Art zu erzählen zeigt außerdem, dass es Spaß macht, mit der Sprache zu experimentieren. Sie erhöht das Lesevergnügen und baut – analog zu der Vielschichtigkeit der Geschichten – zusätzliche Bedeutungsebenen auf.

Hier eine (sehr kleine) Auswahl solcher Vergleiche, Metaphern, Aphorismen oder humorvoller Stellen:

- Als Onkel Salim über die Entwicklung des Papiers spricht, sagt er: »Sie [die Chinesen] brachten die Schrift von den Tempeln der Gelehrten und Palästen der Könige auf die Straße.« (S. 5)
- Der Bäckerjunge zitiert aus einer Zeitung einen Satz über die Funktion des Tagebuchs: »Ein Tagebuch ist ein Rückspiegel.« (S. 6)
- Ein Geselle, der in der Bäckerei arbeitet, sagt dem Bäckerjungen, Bäcker kämen alle in den Himmel. »Als ich ihn fragte, wieso, hat er lachend geantwortet: ›Die Hölle haben wir schon auf Erden.‹« (S. 28)
- Der Bäckerjunge schreibt einen Vergleich aus einem Lied in sein Tagebuch: »Hab keine Sorge beim Bergaufgehen, alsbald kommt der Gipfel, und dann ist es nur noch ein leichtes Herunterrutschen.« (S. 37)
- Der Bäckerjunge notiert einige Sätze des Luxemburger Touristen: »Er erzählte uns von den Kindern in Europa, und wir staunten, dass es ihnen auch nicht besser geht als uns. Sie haben zwar viel mehr Schokolade, aber dafür viel weniger Spielplätze und Zeit. Ihre Eltern schlagen sie auch (aber etwas heimlicher, dafür bekommen sie weniger Küsse).« (S. 61)

DEUTUNGSPERSPEKTIVEN

U.4

Zum einen lässt sich »Eine Hand voller Sterne« als »Entwicklungsroman« lesen. Der namenlose Protagonist durchläuft in seiner Jugend einige Höhen und Tiefen, bis er eine ausbalancierte Persönlichkeit hat. Am Anfang der Geschichte ist er in vielerlei Hinsicht von anderen Menschen abhängig und hat damit große Probleme. Zunächst einmal ist da sein Vater, der in sein Leben eingreift, indem er ihm verweigert, nach Beendigung der Schulpflicht die weiterführende Schule zu besuchen. Hinzu kommt noch, dass der Protagonist von dem Vater gezwungen wird, einen Job auszuüben, den er hasst. Parallel dazu läuft seine Beziehung zu seiner Freundin Nadia problematisch, weil ihr Vater gegen ein solches Verhältnis ist, ohne dass der Ich-Erzähler irgendetwas davon weiß. Der Ich-Erzähler kommt mit diesen Problemen nicht allein zurecht und ist auf die Hilfe von anderen angewiesen. Da ist auf der einen Seite seine Mutter, die dem Jungen durch ihre Zuneigung und Liebe auch für seine Gefühle ein Zuhause gibt. Aber die Mutter als Ansprechperson reicht natürlich nicht aus, um alle Probleme zu bewältigen. Er findet bei seinem Ziehvater, Onkel Salim, nicht nur Geborgenheit. Der Menschenkenner zeigt ihm außerdem alternative Handlungsmöglichkeiten auf und trägt immer wieder zu seiner Horizonterweiterung bei. So bleibt der Protagonist bei seinen Eltern und revidiert seine Entscheidung, von zu Hause abzuhauen. Neben weiteren erwachsenen Ansprechpersonen findet er Freunde, die in seinem Alter sind und ähnliche Probleme haben, so z. B. Mahmud und Josef. Mit deren Unterstützung und durch eigene Kraft schafft er es nach und nach, sich beruflich weiterzuentwickeln und seinen Traum, Journalist zu werden, umzusetzen. Mit der Zeit entwickelt sich der Ich-Erzähler sogar so stark, dass er selbst eine Quelle der Ideen und Hilfen wird. Er kann nach dem Tod seines besten Freundes Onkel Salim und der Verhaftung des Journalisten Habib auf eigenen Beinen stehen: Er arbeitet nicht mehr in der Bäckerei, unterstützt seinen Freund Mahmud finanziell, hat ein glückliches Liebesverhältnis mit Nadia und setzt die Arbeit an der »Sockenzeitung« ohne Hilfe von Habib fort.

Zum anderen besteht eine weitere zentrale Deutungsperspektive darin, dass der Autor Rafik Schami die Unterdrückung des Individuums beschreibt. Auf der Mikroebene im privaten Bereich versucht z. B. Nadias Vater, seine Tochter durch die beiden Brüder und mit Hausarrest unter Kontrolle zu halten. Außerdem sind da noch die Väter, die ihren Söhnen eigene Lebensvorstellungen aufzwingen, indem sie ungeliebten Berufen nachgehen müssen. Auf der Makroebene übt der Staat durch Zensur, Überwachung und andere Maßnahmen Druck auf den Einzelnen aus. Dies bekommt der Ich-Erzähler hautnah zu spüren, als sein Freund und Mitherausgeber der »Sockenzeitung«, Habib, verhaftet wird.

Aufgrund der vielen Erzählstränge gibt es weitere Deutungsperspektiven, wie z. B. das Thema Geschichtenerzählen oder das Leben in einem orientalischen Land.

METHODENKISTE

Die vorliegende Tabelle enthält methodische Vorschläge für den Umgang mit dem Jugendroman »Eine Hand voller Sterne« im Deutschunterricht. Dabei stehen die von der Kulturministerkonferenz (KMK) formulierten »Bildungsstandards für das Fach Deutsch für den Mittleren Bildungsabschluss« im Mittelpunkt, denn diese stellen die Grundlage für die Entwicklung der Lehr- und Bildungspläne für die Sekundarstufe I in den Ländern dar.

Bei den Beispielen in der rechten Spalte sind vielfältige Möglichkeiten für den konkreten Umgang mit der Lektüre im Unterricht zu finden. Zahlreiche methodische Möglichkeiten sprechen mehrere Bildungsstandards an. Wir haben uns zum Zwecke der Übersichtlichkeit jeweils für einen Bildungsstandards des Bereiches 3.3 (»Lesen – mit Texten und Medien umgehen«) entschieden. Häufig lassen sich auch evidente Bezüge zu den Bildungsstandards der anderen Bereiche herstellen.

Darüber hinaus stehen die methodischen Möglichkeiten in Verbindung mit einem fächerübergreifenden Ansatz (v. a. mit Gesellschaftslehre, Erdkunde, Geschichte, Religion oder Philosophie/Ethik), den Sie je nach Klassensituation, Vorwissen und Interessen der Schüler:innen modifizieren können.

Bildungsstandards	Methoden	Beispiele
→ Verschiedene Lesetechniken beherrschen		
• Über grundlegende Lesefertigkeiten verfügen: flüssig, sinnbezogen, überfliegend, selektiv, navigierend lesen	• Ein Kapitel bzw. eine besonders wichtige, lustige oder spannende Stelle vorlesen • Die Auswahl individuell begründen	• Textstellen nach Wahl • Den Dialog zwischen Onkel Salim und dem Protagonisten lesen (nach seinem Versuch, aus dem Elternhaus abzuhauen, S. 107–110)
	• Einen Textausschnitt mit verteilten Rollen lesen	• Z. B. S. 146–150
	• Bestimmte Textinhalte auffinden	• Mit dem Zeilometer arbeiten → **k.1** • Weisheitssprüche/Aphorismen sammeln
	• Ein den Text erschließendes Unterrichtsgespräch anhand von Leitfragen führen	• Den Sinn der Geschichte, die der Verrückte erzählt, diskutierend herausfinden • Liebesverhältnis in anderen kulturellen Kontexten (Nadia – Ich-Erzähler) • Meinungsfreiheit und Zensur • Kinderarbeit • Schulpflicht
	• Ein Kapitel oder einen Textabschnitt gestaltend vorlesen und aufnehmen	• Ausgewählte Ausschnitte aus dem Buch gestaltend vorlesen, sie aufnehmen und mit der Audio-CD vergleichen
→ Strategien zum Leseverstehen kennen und anwenden		
• Leseerwartungen und -erfahrungen bewusst nutzen	• Eine Mindmap/einen Cluster mit Assoziationen erstellen (Impulse durch Titel, Umschlagbild, Umschlagtext, Autor), damit einhergehend eine Leseerwartung aufbauen, Vorwissen aktivieren; ein Lesemotiv formulieren	• Cluster zu Schreibproblemen → **k.8** • Einen Cluster mit Ideen zum Titel erstellen • Den Umschlagtext lesen und Erwartungen zum Inhalt formulieren • Vorwissen zu Syrien bzw. zum Nahen Osten in einer Mindmap darstellen
	• Bezüge zur eigenen Lebenswirklichkeit herstellen	• Welche Sprachen werden in meiner Umgebung (Freundeskreis, Klasse, Schule) gesprochen? Was bedeutet die Mehrsprachigkeit für mich? • Welche unterschiedlichen Religionen sind in meiner Umgebung (Freundeskreis, Klasse, Schule) präsent? Was ist daran positiv bzw. negativ? • Was möchte ich später beruflich machen? • Was würde ich machen, wenn meine Geliebte/mein Geliebter mich so lange ignoriert hätte? • Was hätte ich gemacht, wenn meine Eltern gegen eine Beziehung von mir wären?

Bildungsstandards	Methoden	Beispiele
• Textschemata erfassen, z. B. Textsorte, Aufbau des Textes	• Die Erzählkonstruktion analysieren	• Was ist das besondere an einem Tagebuch? → **k.2**
• Verfahren zur Textstrukturierung kennen und selbstständig anwenden	• Wesentliche Textstellen kennzeichnen	• Schauplatz und Figuren → **k.3–k.5, k.9**
	• Den Text gliedern	• Zwischenüberschriften für die Tagebucheinträge finden
	• Kapitelüberschriften formulieren, austauschen und diskutieren	• Tagebucheinträge mit Überschriften versehen
	• Fragen aus dem Text ableiten	• Welche Rolle spielen die Eltern bei der Berufswahl? • Welche Rolle spielen die Eltern bei der Partnerwahl? • Wie entstehen Diktaturen? • Warum ist die Kinderarbeit in Deutschland verboten? • Was bedeutet die Meinungsfreiheit für den einzelnen Menschen?
	• Bezüge zwischen Textteilen herstellen	• Unterschiedliches Verständnis von Schule und Beruf vom Vater und Ich-Erzähler → **k.9** • Die Entwicklung von Nadias Vater
• Verfahren zur Textaufnahme kennen und nutzen	• Texte und Textabschnitte stichwortartig zusammenfassen	• Mehrere Tagebucheinträge zusammenfassen • Die Entwicklung von bestimmten Ereignissen über mehrere Einträge verfolgen und sie zusammenfassen (z. B. das Verhältnis zwischen Nadia und dem Ich-Erzähler)
	• Einen Handlungsstrang mit eigenen Worten beschreiben	→ **k.8–k.10**
	• Eine wichtige Textstelle visualisieren	• Das Titelbild des Buches malen (S. 147) • Den Wohnort des Ich-Erzählers skizzieren → **k.3**
	• Ein Quiz erstellen	• Ein Quiz mit Fragen zum Textinhalt erstellen
	• Fragen zum Text beantworten	• Mit dem Ich-Erzähler ein Interview führen über die Entscheidung seines Vaters, ihn nicht mehr zur Schule zu schicken
	• Aussagen erklären und konkretisieren	• Aphorismen bzw. Weisheitssprüche sammeln und interpretieren
	• Stichwörter formulieren und damit ein Kapitel nacherzählen	• Als Aufgabe nach Lesephasen geben, um den Inhalt des Gelesenen zu wiederholen und zu besprechen
→ Literarische Texte verstehen und nutzen		
• Ein Spektrum altersangemessener Werke – auch Jugendliteratur – bedeutender Autorinnen und Autoren kennen	• Leben und Werk des Autors kennenlernen und mit ihm in Kontakt treten	• Infos zum Autor über www.beltz.de • www.rafik-schami.de • Briefe (bitte gesammelt) über den Verlag Beltz & Gelberg, Postfach 100154, 69441 Weinheim
	• Thematisch verwandte Jugendromane kennenlernen	• Z. B. »Mojsche und Rejsele« von Katrin Stoffels, Beltz Verlag → **i.3** • Weitere Bücher von Rafik Schami
• Zentrale Inhalte erschließen	• Ein Unterrichtsgespräch zum Text anhand von Leitfragen führen	• Welche Rolle spielen die Eltern bei der Berufswahl? • Welche Rolle spielen die Eltern bei der Partnerwahl? • Wie entstehen Diktaturen? • Warum ist die Kinderarbeit in Deutschland verboten? • Was bedeutet die Meinungsfreiheit für den einzelnen Menschen? • Welchen Sinn hat die Schulpflicht?

Bildungsstandards	Methoden	Beispiele
	• Einsatz anderer Medien / inhaltlich entsprechend orientierter Zusatztexte zur Erarbeitung der Romanthemen	• Die Audio-CD »Eine Hand voller Sterne« hören lassen, um bestimmte Inhalte zu vertiefen bzw. zu wiederholen • Weiterführende Literatur → i.3
• Wesentliche Elemente eines Textes erfassen, z. B. Figuren, Raum- und Zeitdarstellung, Konfliktverlauf	• Den zeitlichen Verlauf des Romans erarbeiten und darstellen	• Zwischenüberschriften bilden • Zeitleiste zu den wichtigsten Entwicklungen in der Geschichte erstellen → **k.9, k.10**
	• Eine Figurenkonstellation/ein Soziogramm erarbeiten	→ **k.9**
	• Die Beziehung zwischen Figuren herausarbeiten	• Ich-Erzähler – Onkel Salim → **k.9** • Vater-Sohn-Beziehung → **k.9** • Ich-Erzähler – Habib → **k.9** • Habib – Mariam → **k.9**
	• Figuren charakterisieren, relevante Textstellen auffinden	→ **k.4, k.5, k.9**
	• Ein Thema bzw. Motiv über den ganzen Roman hinweg verfolgen	• Vater-Sohn-Beziehung → **k.9** • Berufswünsche, Job • Zensur • Liebe
	• Den Konfliktverlauf zwischen Figuren grafisch bzw. verbal darstellen	• Die Beziehung zwischen dem Vater und dem Erzähler grafisch darstellen und mit Textstellen belegen → **k.9** • Die Beziehung zwischen Nadia und dem Protagonisten grafisch darstellen und anschließend erläutern → **k.9**
• Wesentliche Fachbegriffe zur Erschließung von Literatur kennen und anwenden	• Die Erzählperspektive wechseln: eine Textstelle aus anderer Perspektive (z. B. aus der Er-Perspektive) erzählen	→ **k.6, k.8, k.10**
	• Leerstellen des Romans füllen	• Weitere Tagebucheinträge verfassen
	• Einen inneren Monolog einer Figur verfassen	→ **k.9** • Habib ist im Gefängnis in einer Zelle ganz alleine und führt ein Selbstgespräch • Habib hört dem Bäckerjungen zu, als er hartnäckig darum bittet, die Sockenzeitung herauszubringen. Was geht ihm dabei durch den Kopf?
• Sprachliche Gestaltungsmittel in ihren Wirkungszusammenhängen und in ihrer historischen Bedingtheit erkennen, z. B. Wort-, Satz- und Gedankenfiguren, Bildsprache (Metaphern)	• Die Namen von Figuren oder Gegenständen unter die Lupe nehmen	→ **k.4**
	• Sprachliche Bilder/Metaphern und mögliche Symbole im Text erkennen, ihre Bedeutung verstehen und über ihre Leistungen diskutieren	→ **k.2** • Z. B. S. 6
	• Stilaspekte untersuchen	• Vgl. Sprache und Erzähltechnik
• Eigene Deutungen des Textes entwickeln, am Text belegen und sich mit anderen darüber verständigen	• Eine kontroverse Diskussion zu bestimmten Aspekten oder Figuren führen	• Welchen Sinnn hat die Sockenzeitung? Ist das Risiko im Gegensatz zum Gewinn nicht zu groß? • Alle Jugendlichen sind gezwungen, einen Beruf auszuwählen, von dem sie nicht träumen. Was bedeutet das für die Arbeitswelt?
	• Den Spannungs- bzw. Stimmungsbogen des Romans/eines Kapitels grafisch darstellen	• Beziehung Nadia – Protagonist • Beziehung Protagonist – Vater • Beziehung Mahmud – Protagonist
	• Eine Rezension zum Roman verfassen	→ **k.11**

Bildungsstandards	Methoden	Beispiele
• Analytische Methoden anwenden	• Den Inhalt eines Textabschnitts rekonstruieren und wiedergeben	• Einzelne Ereignisse, die über mehrere Seiten verteilt sind, zusammentragen und wiedergeben
	• Untersuchen, wie im Text Spannung erzeugt wird	• Erkennen, dass Rafik Schami z. B. weitere Erzählstränge einfügt und dadurch Spannung erzeugt • Sprachliche Bilder, wie Metaphern oder Vergleiche, erkennen und benennen
	• Ein Kapitel mit einem subjektiven »Untertext« versehen	• Ein paralleles Tagebuch führen → **k.2**
	• Handlungsmotive einer Figur herausarbeiten	• Was treibt den Ich-Erzähler dazu, unbedingt weiter zur Schule zu gehen? • Was bewegt Habib dazu, sich auf die Idee mit der Sockenzeitung einzulassen, obwohl er bereits einmal im Gefängnis war? • Warum gründen die drei Freunde Josef, Mahmud und der Ich-Erzähler die Bande »Die schwarze Hand«?
	• Textstellen interpretieren und mit eigenen Worten erklären	• Den Sinnn der Geschichte, die der Verrückte erzählt, diskutierend herausarbeiten • Den Sinn des Boxenspiels interpretieren (S. 150–152)
	• Den thematischen Hintergrund des Romans erhellen	• Zu den Themen Zensur, Diktatur, Kinderarbeit, Naher Osten Referate halten
	• Eine gemeinsame Reflexion der Lektüre durchführen	→ **k.11**
• Produktive Methoden anwenden	• Ein eigenes Lesetagebuch bzw. einen Leseordner zum Roman führen	→ **k.2**
	• Einen Steckbrief zu einer Figur erstellen	• Ich-Erzähler → **k.4** • Habib • Der Verrückte • Kutscher Salim
	• Ein fiktives Interview mit einer Figur führen	• Mit Habib über seine Erfahrungen im Gefängnis • Mit Nadia über die Liebe • Mit Mariam über ihren Mann und ihre Veränderung • Mit Onkel Salim • Mit dem Vater des Protagonisten über seine Einmischung in die Berufswahl seines Sohnes • Mit dem Ich-Erzähler
	• Einen fiktiven Dialog zwischen Romanfiguren verfassen	• Zwischen Nadia und dem Ich-Erzähler • Zwischen dem Ich-Erzähler und Habib
	• Gedanken und Gefühle der Figuren imaginieren	• Der Arabischlehrer, Herr Katib, versucht den Vater des Ich-Erzählers davon zu überzeugen, dass er seinen Sohn zur weiterführenden Schule schicken soll. Was geht dem Protagonisten dabei durch den Kopf? (S. 103–105)
	• Den Roman weiterdenken und -schreiben	• Den Roman weiterschreiben, indem weitere Tagebucheinträge verfasst werden
	• Eine Textstelle weiterschreiben	• Den Tagebucheintrag vom 12.7. (S. 199) fortsetzen • Weitere Tagebucheinträge schreiben
	• Eine Textstelle umschreiben	• Habib hat für den Bäckerjungen einen Job in einer Buchhandlung gefunden (S. 152 f., Tagebucheintrag vom 5.9.). Sein Vater ist damit nicht einverstanden. Er möchte, dass der Junge weiterhin in der Bäckerei arbeitet. Was würde der Protagonist in sein Tagebuch schreiben?

Bildungsstandards	Methoden	Beispiele
	• Einen Brief einer Figur an eine andere Figur verfassen	• Nadia schreibt aus dem Dorf regelmäßig Briefe an den Ich-Erzähler. Nun übernimmt er einen davon in sein Tagebuch. Schreibe diesen Brief.
	• Einen Brief an eine Figur verfassen	• Offener Brief an Habib (er ist im Gefängnis) • Offener Brief an die Sockenzeitungsherausgeber
	• Eine Reportage bzw. einen Zeitungsbericht über eine Textstelle verfassen	• Über die Sockenzeitung → **k.10**
	• Einen Handlungsort oder eine Szene malen, zeichnen oder nachbauen	→ **k.3** • Nadia und der Ich-Erzähler sind alleine (S. 157)
	• Eine thematische Aktion durchführen	• Multikulturelles Leben in Damaskus – multikulturelles Leben in der eigenen Klasse/Schule
	• Ein alternatives Titelbild erstellen	• Evtl. in Verbindung mit dem Kunstunterricht unter Hinzuziehung von unterschiedlichen Titelbildern von »Eine Hand voller Sterne«
	• Ein Plakat bzw. eine Collage zum Buch erstellen	• Zum Nahen Osten
	• Ein Hörspiel verfassen	• Ein Hörspiel zu ausgewählten Szenen anfertigen und mit der Audio-CD vergleichen
	• Ein Gedicht auswählen bzw. verfassen	→ **k.7**
• Handlungen, Verhaltensweisen und Verhaltensmotive bewerten	• Zu den Romanfiguren Stellung beziehen, ihr Verhalten und Handeln bewerten und kommentieren	• Warum gründen die Jugendlichen die Bande »Die schwarze Hand«? • Ist das Verhalten von Nadia nachvollziehbar, als sie sich von dem Protagonisten distanzierte?
	• Sympathie/Antipathie zu den Figuren thematisieren	→ **k.5, k.9** • Sympathiekurven zu dem Protagonisten und seinem Vater, Protagonisten und Nadia zeichnen
→ Sach- und Gebrauchstexte verstehen und nutzen		
• Hintergrundinformationen suchen, verstehen, auswerten und vergleichen	• Eine Collage erstellen	• Damaskus • Zum Nahen Osten • Die Entstehung des Christentums • Diktatursysteme
→ Medien verstehen und nutzen		
• Informationsmöglichkeiten nutzen	• Internet- und Buchrecherche zu Themen des Romans	• Damaskus • Syrien • Rafik Schami (www.rafik-schami.de) → **i.1, i.2, i.3** • Multikulturelles Leben in Damaskus und Deutschland
	• Einen Internet-Service benutzen	• Das Gästebuch von Rafik Schami im Hinblick auf das Buch sichten
• Medien zur Präsentation und ästhetischen Produktion nutzen	• Powerpoint-Präsentationen bzw. Hypertexte erarbeiten, vorstellen und reflektieren	• Thematische Gruppen bilden

VORSCHLAG FÜR EINE UNTERRICHTSEINHEIT

Die hier vorgestellte Unterrichtseinheit folgt dem Grundsatz »erschließend, nicht erschöpfend«. Sie besteht aus vier unterschiedlichen Modulen, die durch Infoblätter und Kopiervorlagen unterstützt wird:

- Modul A: Einstiegssequenz
- Modul B: Lektüre des Romans
- Modul C: Projektorientierte Sequenz
- Modul D: Reflexion der Lektüre

Es ist zu empfehlen, dass die Schüler:innen ein (Lese-)Tagebuch bzw. einen Leseordner anlegen, damit sie zum einen die im Unterricht bearbeiteten Aspekte festhalten und nachschlagen können und zum anderen die Erfahrung sammeln, was es bedeutet, ein Tagebuch zu führen. Aufgrund der Struktur und der Erzähltechnik des Romans ist eine Sicherung des Unterrichtsergebnisses im Tagebuch von besonders großer Bedeutung, da die Schüler:innen sich dessen Textsorte aneignen, indem sie selbst ein Tagebuch führen. Es sollte dabei darauf geachtet werden, dass die Schüler:innen eine »Privatsphäre« darin erhalten, zu der andere Personen, auch die Lehrkraft, nur nach vorheriger Zusage Zugang bekommen. Dieser Teil sollte aus dem Tagebuch herausnehmbar sein, damit bei einer eventuellen Bewertung der Lernmappe keine Konflikte entstehen.

Modul A: Einstiegssequenz
(2–4 Unterrichtsstunden)

- Erste Auseinandersetzung mit dem Buch: Besprechung von Titel, Titelbild und Umschlagtext
- Erstellung eines Zeilometers →**k.1**
- Anlegen eines Lesetagebuches → **k.2**
- Die Verortung der Geschichte: Der Schauplatz und die Hauptfigur → **k.3, k.4**

Modul B: Lektüre des Romans

- Zum größten Teil häuslich (mit Notizen und Aufgaben im Lesetagebuch bzw. Deutschheft)
- Besondere Stellen werden im Unterricht vorgelesen (zentrale Textstellen; Textstellen, die der Leserin/dem Leser besonders gefallen)
- Stille Arbeitsphasen

Modul C: Projektorientierte Sequenz
(12–14 Unterrichtsstunden)

- Der Sinn des Schreibens bzw. des Tagebuchführens → **k.2**
- Figurencharakterisierung → **k.4, k.5, k.9**
- Figurenkonstellation → **k.9**
- Schauplatz → **k.3**
- Kreative Auseinandersetzung mit Themen aus dem Alltag der Jugendlichen → **k.7, k.8**
- Schulpflicht hier und dort → **k.6**
- Eigenständige Recherchen im Internet oder in der Bibliothek zu ausgewählten Aspekten aus dem Buch (Identitätssuche Jugendlicher, Liebe und Freundschaft, Zivilcourage, Vater-Sohn-Problematik, familiäre Konflikte)
- Referate zu dem Thema multikulturelles Leben am Beispiel von Damaskus und des Wohnortes des Schülers/der Schülerin
- Informationen zum Autor sammeln und vorstellen → **i.1, i.2**
- Weitere Anregungen aus der »Methodenkiste« in diesem Heft

Modul D: Reflexion der Lektüre

- Präsentation der Lesetagebücher
- Eine Rezension verfassen → **k.11**
- Abschließende Bewertung des Buches → **k.12**

© Root Leeb

i Infoblätter

i.1 ZUM AUTOR RAFIK SCHAMI

Rafik Schami wurde 1946 in Damaskus geboren. Der Autor stammt aus einer aramäisch-christlichen Familie und gehörte so zur religiösen und ethnischen Minderheit in Syrien. Er wuchs jedoch in einem Damaszener Viertel auf, in dem die Christen die Mehrheit bildeten.

Rafik Schami lernte in jungen Jahren in der multikulturellen Metropole Damaskus neben seiner Muttersprache, dem Aramäischen, Arabisch. In der Mittelschule kam noch Französisch hinzu, weil er mit zehn Jahren in den Libanon auf eine Jesuitenschule geschickt wurde. Dort waren andere Sprachen verboten, alle Schüler:innen mussten auf Französisch kommunizieren. Die Trennung von seiner Mutter und seinem Viertel hinterließen tiefe Spuren. Trotzdem profitierte er von diesem Aufenthalt, weil er in der Klosterbibliothek viel Zeit mit Lesen verbringen konnte. Nach zweieinhalb Jahren kehrte er 1959 wegen einer Krankheit nach Damaskus zurück. In seiner Heimatstadt beendete er erfolgreich die Schule, sammelte die ersten Schreiberfahrungen mit Wand- und Jugendzeitungen und engagierte sich politisch in illegalen Linksparteien. Nach Beendigung des Studiums der Naturwissenschaften floh er wegen der drückenden Zensur 1971 zunächst in den Libanon und schließlich nach Deutschland. An der Universität Heidelberg schloss er sein Chemiestudium 1979 mit der Promotion ab.

Seit 1982 ist Rafik Schami als freischaffender Schriftsteller tätig. Er gehört heute zu den kreativsten und bekanntesten Namen der deutschen Gegenwartsliteratur. In seinen Lesungen zeichnet er sich außerdem als großer Erzähler aus. Sowohl für einzelne Bücher als auch für sein Gesamtwerk bekam der Autor, dessen bürgerlicher Name Suheil Fadél ist, zahlreiche Preise. Seine Werke sind in 25 Sprachen übersetzt worden. Mit seinen Büchern spricht er Leser jeden Alters an und verwendet dabei viele verschiedene Genres vom Bilderbuch über den Kinder- und Jugendroman bis hin zur Literatur für Erwachsene.

Werke (Auswahl)

Bücher

- **Eine Hand voller Sterne.** Weinheim/Basel: Beltz & Gelberg, 1987.
- **Erzähler der Nacht.** Weinheim/Basel: Beltz & Gelberg, 1989.
- **Der Wunderkasten.** Weinheim/Basel: Beltz & Gelberg, 1990.
- **Der ehrliche Lügner.** Weinheim/Basel: Beltz & Gelberg, 1992.
- **Wie ich Papa die Angst vor Fremden nahm.** München/Wien: Hanser, 2003.
- **Der Kameltreiber von Heidelberg.** München/Wien: Hanser, 2006.
- **Das Herz der Puppe.** München/Wien: Hanser, 2011.
- **Elisa oder Die Nacht der Wünsche.** München: Hanser, 2019.
- **Wenn du erzählst, erblüht die Wüste.** München: Hanser, 2023.

Hörbücher

- **Der Wunderkasten, König Tutnix** (2 CDs). Frankfurt/M.: Network-Medien-GmbH, 2003.
- **Märchen aus Malula** (2 CDs). Schwäbisch Hall: Steinbach Sprechende Bücher, 2006.
- **Sie liebt ausgerechnet Bobo.** Auszug aus: Der Kameltreiber von Heidelberg. Schwäbisch Hall: Steinbach Sprechende Bücher, 2007.
- **Eine Hand voller Sterne** (3 CDs). Weinheim/Basel: Beltz & Gelberg, 2008.
- **Wenn du erzählst, erblüht die Wüste** (MP3-CD). Schwäbisch Hall: Steinbach Sprechende Bücher, 2023.

Auszeichnungen (Auswahl)

1987 Die blaue Brillenschlange (Schweiz) für »Eine Hand voller Sterne«
1987 Preis der Leseratten des ZDF für »Eine Hand voller Sterne«
1987 Zürcher Kinder- und Jugendbuchpreis (Schweiz) für »Eine Hand voller Sterne«
1991 Mildred L. Batchelder Award (USA) für »Eine Hand voller Sterne«
2012 Eine Stadt ein Buch (Wien) für „Eine Hand voller Sterne“
2015 Buch für die Stadt (Köln) für »Eine Hand voller Sterne«
2015 Großer Preis der Akademie für Kinder- und Jugendliteratur
2018 Elisabeth-Langgässer-Literaturpreis
2022 Carl-Zuckmayer-Medaille für Verdienste um die deutsche Sprache

PRESSESTIMMEN ZUM ROMAN

»›Eine Hand voller Sterne‹ ist eine Coming-of-Age-Geschichte mit der Fabulierlust aus Tausendundeiner Nacht.«
Süddeutsche Zeitung

»Die Botschaft von einem freien und menschlichen Leben wird in diesem spannenden Buch, das zugleich ein Entwicklungsroman ist, unaufdringlich und daher um so glaubhafter vermittelt.«
Frankfurter Allgemeine Zeitung

»Doch die scheinbare Eindimensionalität der Tagebuch-Eintragungen täuscht: Unnachahmlich verbindet der Autor die beschränkte Weltsicht seiner Protagonisten mit der Botschaft des Erzählers: Ein armer Junge in einem politisch unfreien Land des Orients will Dichter oder Journalist werden. Das kann er menschlich integer nur mit liebevoller Unterstützung von Familie und Freunden und auf dem gefährlichen Weg des politischen Abweichlers.«
DIE ZEIT

»Freundschaft, Widerstand, Liebe Mut, Respekt, Toleranz – all diese Dinge sind Bestandteil der bilderreichen Geschichten, die Rafik Schami im Namen seines Protagonisten aufschreibt. Auch Enttäuschungen, Repression, Tod und Folter sind nicht außen vorgelassen. Dennoch ist es kein trauriges Buch, sondern ein Buch von der Liebe zu den Menschen, das Kraft gibt und Wege zum Widerstand in einem korrupten, immer wieder von Putschen erschütterten Land aufzeigt.«
Antifaschistischer Kalender, 2005

»Es ist ein wahrhaftiges Buch, dass Rafik Schami hier in der Tagebuchform vorlegt. In unprätentiöser Sprache und eingängiger Selbstverständlichkeit beschreibt der Jugendliche Freundschaft, Wahrheit, Achtung – er verändert sich, wird erwachsen. Mehr Fragen als Antworten entstehen in seinem Kopf. Aus dem Kind wird ein mutiger Mann, der aufrecht lebt, trotz der Angst.«
Oldenburgische Volkszeitung

»Faszinierend an diesem Buch ist der Reichtum an Episoden und Ereignissen, die der Geschichtenerzähler Rafik Schami in einmaliger Weise miteinander zu verknüpfen weiß. In diesem Buch gelingt es besonders überzeugend, Privates und Politisches in einen Zusammenhang zu bringen und daraus eine Geschichte zu machen. Rafik Schamis Erzählkunst, die er in seinen zahlreichen Märchen so bewundernswert unter Beweis gestellt hat, zeigt sich hier auch in einem realistischen Jugendbuch.«
Tausend und ein Buch. Das österreichische Magazin für Kinder- und Jugendliteratur

»Für den Leser ist das Tagebuch des Jungen wie ein Basar: bunt, voller Gerüche und Geheimnisse – und schlimmer Geschichten.«
Neue Westfälische

»Es gibt unzählige engagierte, wunderschöne, poetische, mitreißende Kinder- und Jugendbücher. Wenn ich mich unter ihnen für das berühmte einzige entscheiden müsste, das ich auf die Insel mitnehmen würde, wäre es ›Eine Hand voller Sterne‹.«
Berner Tagwacht

i.3

Interview mit Rafik Schami: »Den Leserinnen und Lesern begreifbar machen, dass Freiheit ein kostbares Gut ist«

Rafik Schami über die Entstehung des Buches, seinen Weg als Schriftsteller und die gegenwärtige Situation in seinem Heimatland

? *Herr Schami, Ihr Roman »Eine Hand voller Sterne« ist 1987 erstmals erschienen. Erinnern Sie sich noch an den Entstehungsprozess? Wie kam es zur Idee dieses Romans?*

Ich erinnere mich ganz genau. Ich war sehr überrascht, um nicht zu sagen erschrocken, wie wenig deutsche Jugendliche und Kinder hier über ihre Gleichaltrigen in Syrien wissen. Deshalb wollte ich ein Buch ohne Moralpredigten schreiben, an dessen Ende der junge Leser eine Menge über das Leben eines Jugendlichen in einer Diktatur erfährt.

? *Warum haben Sie sich dazu entschieden, den Roman in Tagebuchform zu schreiben?*

Ich suchte eine Zeit lang nach einer geeigneten Form und fand am Ende das Tagebuch als beste Lösung. Das erlaubte, offen und auch rücksichtslos zu erzählen und brüchig zu bleiben, weil die Tagebucheintragungen immer kurz sind und abrupt enden. Ihre Brüchigkeit hat viel mit dem Alltag der Jugendlichen zu tun, denen Putsche und Gewaltakte der Diktatur jedwede ruhige Lebensplanung unmöglich machen. Ich selbst habe nie Tagebücher geschrieben. Deshalb las ich, bevor ich anfing, viele Tagebücher von bekannten Leuten, so z. B. die von Anne Frank.

? *Wie verlief der Arbeitsprozess? Wie lange haben Sie für das Schreiben des Romans gebraucht?*

Ich hatte fast ein halbes Jahr recherchiert. Ich wollte genau wissen, was in meinem Land in den drei Jahren passiert ist, in denen der Roman spielt. Alles hatte ich auf Zetteln gesammelt. Ich begann mit dem Schreiben und wusste nicht, wie der Roman enden soll. Da ich damals viel vortragen und reisen musste, um mein Leben zu finanzieren, bat ich jedes Hotel im Voraus, mir eine Schreibmaschine ins Zimmer zu bringen. Damals gab es keine Computer, wie wir sie heute kennen. In der Tat haben mir dann auf meiner Tournee von 100 Hotels mehr als 90 eine Schreibmaschine und manche sogar Papier auf den Tisch gestellt. Ich schrieb weiter, und so war ich nach einem Jahr, am Ende der Reise, auch mit dem Buch fertig.

? *Wie häufig haben Sie den Text überarbeitet?*

Komischerweise habe ich diesen Text im Gegensatz zu den späteren Romanen nur zweimal umgeschrieben. Die eine oder andere Ergänzung musste reinkommen, weil mein Lektor mit Recht sagte, dass die Kinder und Jugendlichen hier nicht wissen, wie die Gasse, die Dächer oder die Innenhöfe in Damaskus aussehen.

? *Ihr Roman ist in Ich-Perspektive geschrieben. Haben Sie auch andere Erzählperspektiven in Betracht gezogen? Welche Möglichkeiten bietet für Sie die Ich-Perspektive bei diesem Thema?*

Die Er-Perspektive fiel schwach aus. Sie war zu distanziert. Sie hätte die Chance, das Buch weiser und klüger zu machen. Ich wollte aber nicht auf die Unmittelbarkeit und die Authentizität verzichten. So hatte ich das Problem, alles immer nur aus der Perspektive des Ich-Erzählers zu beschreiben. Das ist bestimmt schmaler als das Panorama, das die Er-Perspektive anbietet, aber sehr intim.

? *Wie groß ist der autobiografische Anteil des Romans?*

Höchstens 30 Prozent, wenn es Ihnen aber zu wenig erscheint, können wir handeln. Dann sage ich 40 Prozent. Ich habe einige Gemeinsamkeiten mit dem Helden (der Vater ist Bäcker, ich hatte einen klugen alten Nachbarn, wollte ebenfalls Journalist werden und war ab dem 16. Lebensjahr im Untergrund als junger Kommunist tätig), aber alles andere ist Kunst.

? *Der Roman arbeitet mit zahlreichen Sprachbildern und Symbolen. Planen Sie solche Elemente eher bewusst ein oder kommen Sie Ihnen eher spontan in den Sinn?*

Ich bin ein Sammler, und wenn ich ein geeignetes visuelles oder sprachliches Bild höre oder lese, schreibe ich es auf und lege es in eine Schatzkiste. (Heute heißt ein Ordner im Computer bei mir so.)

Wenn mir oder anderen spontan irgendeine schöne Wortkombination gelingt, die ein einmaliges, witziges oder ironisches Bild ergibt, schreibe ich es sofort auf. Ein Freund sagte vor einem Jahr: »XY ist ein eingefleischter Vegetarier.« Das ist absurd, aber ich schrieb es auf. Manche Sprichwörter aus dem Arabischen ergeben kuriose Bilder.

Bei der Formulierung eines Romans gibt es Zeiten, wo der Text nicht weiterkommt, dann fange ich an, in meiner Schatzkiste zu suchen, und plötzlich finde ich ein Bild, eine Metapher etc. und erinnere mich dann an eine Stelle im Text, wo dieses Schmuckstück passt.

? *Warum heißt die Organisation »Die schwarze Hand«?*

Weil wir als Kinder so eine Bande gegründet hatten. Das Symbol »Schwarze Hand«, dachten wir, ist geheimnisvoll und flößt unseren Feinden Angst ein. Die schwarze Hand sollte das Haus oder Geschäft markieren, das wir anklagen, wie eine Ohrfeige. Es sollte mit flüssigem Teer gemacht werden, aber keiner hat es gewagt, die Hand mit Teer zu beschmieren. So blieb es nur beim Namen.

? *Ungewöhnlich ist, dass die Hauptfigur keinen Namen hat. Wie hat sich dies ergeben und warum haben Sie sich dazu entschieden?*

Das war Absicht. Ich wollte erreichen, dass jeder junge Leser sich leichter mit dem Protagonisten identifizieren kann, als wenn ich ihn z.B. Abdulkarim genannt hätte. Er bietet quasi einen neutralen Mantel, den sich der Leser leichter umlegen kann.

? *Was soll Ihr Roman bei jugendlichen Leserinnen und Lesern bewirken?*

Dass sie begreifen, dass Freiheit ein kostbares Gut ist, für das inzwischen Jugendliche in meiner Heimat auf der Straße kämpfen und sterben. Dass sie zu den Jugendlichen der Welt gehören und dass die Probleme dieser Jugendlichen sie eigentlich interessieren sollten, denn sonst werden sie abstumpfen.
– Und dass das Bücherlesen ein großes Vergnügen ist.

? *Welche Stellung hat für Sie »Eine Hand voller Sterne« in Ihrem Gesamtwerk?*

Eine ganz besonders hohe Stellung. Es war der meistgepriesene Roman seit Gründung der Bundesrepublik Deutschland. Acht Literaturpreise hat das Buch bekommen und wurde sofort in 15 Sprachen übersetzt. Außerdem ist es merkwürdigerweise bis heute der Roman, der am meisten für eine Verfilmung gefragt ist. Es sind bisher etwa fünf Versuche unternommen worden, aber dabei ist es geblieben. Trotzdem bin ich mir komischerweise sicher, dass es das erste Werk von mir sein wird, das verfilmt wird.

? *Wie kamen Sie selbst zum Schreiben? Was können Jugendliche von Ihren Schreiberfahrungen lernen?*

Ich habe lange mündlich erzählt, weil es mich faszinierte, zu sehen, wie ein Erzähler erwachsene Menschen zum Lachen und Weinen bringen kann, wie er allein mit seinen Worten die anderen glücklich machen und sie die Zeit vergessen lassen kann. Dann fragten manche, ob ich die Geschichte, die ich gerade erzählt habe, aufgeschrieben hätte. Sie wollten sie haben. Da begann ich, meine Geschichten schriftlich zu fixieren.

? *Warum sind Sie Anfang der 1970er-Jahre nach Deutschland geflohen?*

Weil ich die Zensur der Diktatur unerträglich fand und weil ich keinen Militärdienst leisten wollte.

? *Sie haben ab 1971 in Deutschland Chemie studiert und darin promoviert, ein eher ungewöhnliches Fach für einen Schriftsteller. Hat es Sie nicht eher zu Sprache und Literatur hingezogen?*

Doch, aber ich wollte sie als Hobby beibehalten. Ich hatte und habe zwei Seelen. Die eine mag Naturforschung, das Verstehen der physikalischen und chemischen Prozesse, die uns umgeben, die unser Leben bestimmen. Und die andere Seele ist die Sucht nach dem schönen Wort. Ich habe niemals nur das eine gemacht und das andere vernachlässigt, aber beruflich musste ich mich entscheiden. Ich hatte einen sehr gut dotierten Beruf bei einem Weltkonzern und merkte, dass ich nicht mehr Literatur machen kann. Auf Arabisch sagt man, man kann nie zwei Melonen lange auf einer Hand tragen. Der Chemikerberuf ist sehr anspruchsvoll und verlangt ganzen Einsatz, der Schriftstellerberuf ist noch anspruchsvoller und verlangt ebenfalls ganzen Einsatz. Ich musste mich entscheiden, und ich entschied mich für die Literatur. So blieb die Naturwissenschaft bis heute nur noch als Hobby.

? *Ihr Roman erzählt vom Aufbegehren eines jungen Mannes gegen Unterdrückung und Zensur. Wie, würden Sie sagen, hat sich der Freiheitsbegriff in Syrien seitdem verändert, insbesondere nach dem Regimewechsel?*

Über fünfzig Jahre dauerte die Diktatur des Assad-Clans an und die Herrscher haben keine Hemmungen gehabt, Freiheiten, Würde und Leben zu rauben. Auch mit Drogen haben sie nachweislich gehandelt. Es war zu keiner Stunde möglich, in Freiheit und Würde zu leben, wenn man nicht dem Regime diente. Der Assad-Clan ruinierte das Land. Russen, Iraner und die Terrororganisation Hisbollah wüteten und ermordeten Syrerinnen und Syrer vor den Augen einer gleichgültigen Welt. Und das syrische Volk stand allein.

Es gibt kein Volk, das auf Dauer heldenhaft bleibt. So mussten die Syrerinnen und Syrer nach hunderttausendfachen Morden, unzähligen brutalen Gefängnissen und millionenfachen Geflüchteten angsterfüllt stillhalten. Viele hungerten und so reduzierte sich der Begriff der Freiheit auf ein Minimum: Möglichst würdig am Leben bleiben. Das ist aber unter allen Diktaturen gleich.

Seit dem Sturz von Baschar al-Assad im Dezember 2024 befindet sich Syrien in einer Übergangsphase unter dem neuen Präsidenten Ahmed al-Scharaa. Welche Hoffnungen und Befürchtungen haben Sie für die Zukunft Ihres Heimatlandes in den kommenden Jahren?

Ich bin erleichtert, dass das verbrecherische Assad-Regime endgültig verschwunden ist. Zugleich bin ich vorsichtig optimistisch und habe Geduld, denn man braucht lange Zeit, um die Diktaturfolgen zu beseitigen. Die Deutschen leiden bis heute unter den Folgen von nur zwölf Jahren Diktatur!

Meine Angst ist: Die neue Regierung wird sowohl aus den Reihen ihrer Feinde als auch von ihren teils fanatischen Anhängern bekämpft. Dazu kommen die militärische Zerstörung von Armeebasen, Waffenlagern in vielen Städten und die Besatzung syrischer Gebiete durch die israelische Armee und auf der anderen Seite die Bedrohung durch die Türkei und den Iran.

Was würden Sie Ihrem jungen Ich-Erzähler in »Eine Hand voller Sterne« mit auf den Weg geben, wenn er in der gegenwärtigen Realität Syriens leben würde?

Mut machen, Geduld haben und vorsichtig sein, denn so ein toller Kerl darf nicht beim Aufbau des Landes fehlen. Und wenn es geht, als Journalist aufrichtig bleiben.

Interview: Abdullah Incekan, Marc Böhmann (Juni 2011) und Dr. Peter Schallmayer (April 2025)

TABELLARISCHE KAPITELÜBERSICHT

i.4

Jahr	Seite	Erzähltes Geschehen in Stichpunkten
1	5–94	Der Erzähler stellt sich, seinen Wohnort und seine Umgebung vor. Der Protagonist verbringt eine Woche in Beirut. Als Klassenbester bekommt er sein Abschlusszeugnis und jobbt in den Ferien. Der Erzähler schreibt sein erstes Gedicht. Die Jungen gründen die Bande »Die schwarze Hand«, die für Gerechtigkeit kämpfen soll. Nadia, ein Mädchen aus der Nachbarschaft, und der Erzähler freunden sich an. Nach den Ferien besucht der Erzähler die weiterführende Schule, hat aber ständig Angst, von der Schule heruntergenommen zu werden. Der Erzähler erzählt von dem zweiten Militärputsch in diesem Jahr. Er schickt seine Gedichte auf Anraten seines Arabisch-Lehrers an einen Verlag. Der »Verrückte« gibt dem Protagonisten eine Geschichte in mehreren Sprachen, die er durch unterschiedliche Einwohner Damaskus' übersetzen ließ. Der Erzähler bekommt von dem Verleger die Zusage, dass seine Gedichte in einer Anthologie herausgebracht werden.
2	94–179	Die Bande »Die schwarze Hand« setzt ihre Aktivitäten fort, indem sie den Rundfunkredakteur Ahmad Malas bedroht, weil er ein Theaterstück von Mahmud als seinen Text ausgibt. Der Erzähler darf nicht mehr zur weiterführenden Schule gehen, da sein Vater dagegen ist und er in der Bäckerei arbeiten muss. Nadia distanziert sich verstärkt von dem Erzähler, ohne dass sie ihm den Grund dafür mitteilt. Beim Brotausteilen lernt er weitere Menschen kennen, die in seinem Leben eine wichtige Rolle spielen. Dazu zählen Mariam und später der Journalist Habib. Auch Mahmud bricht aufgrund der wirtschaftlichen Lage seiner Familie die Schule ab. Er bleibt zunächst arbeitslos und versucht, sich irgendwie über Wasser zu halten. Der Erzähler erfährt aus den Briefen von Nadia den Grund ihrer Distanzierung von ihm: Ihr Vater war gegen eine solche Beziehung. Die Gedichte des Protagonisten werden veröffentlicht. Er lernt außerdem Techniken des journalistischen Schreibens bei Habib kennen. Der Erzähler fängt an, in einer Buchhandlung zu arbeiten, und wird selbstständiger. Nadia fängt auch an, zu arbeiten, und bekommt so mehr Freiraum. Mehrere unschuldige Menschen werden verhaftet. Habib wird im Gefängnis gefoltert und misshandelt.
3	179–251	Habib, der Erzähler und Mahmud bringen eine illegale Zeitung heraus, die sie auf unterschiedlichen Wegen verbreiten. Onkel Salim stirbt. Habib wird zum zweiten Mal verhaftet. Der Erzähler setzt zusammen mit Mahmud, Nadia und mit der Hilfe von Mariam die Veröffentlichung der Zeitung fort.

FIGURENKONSTELLATION

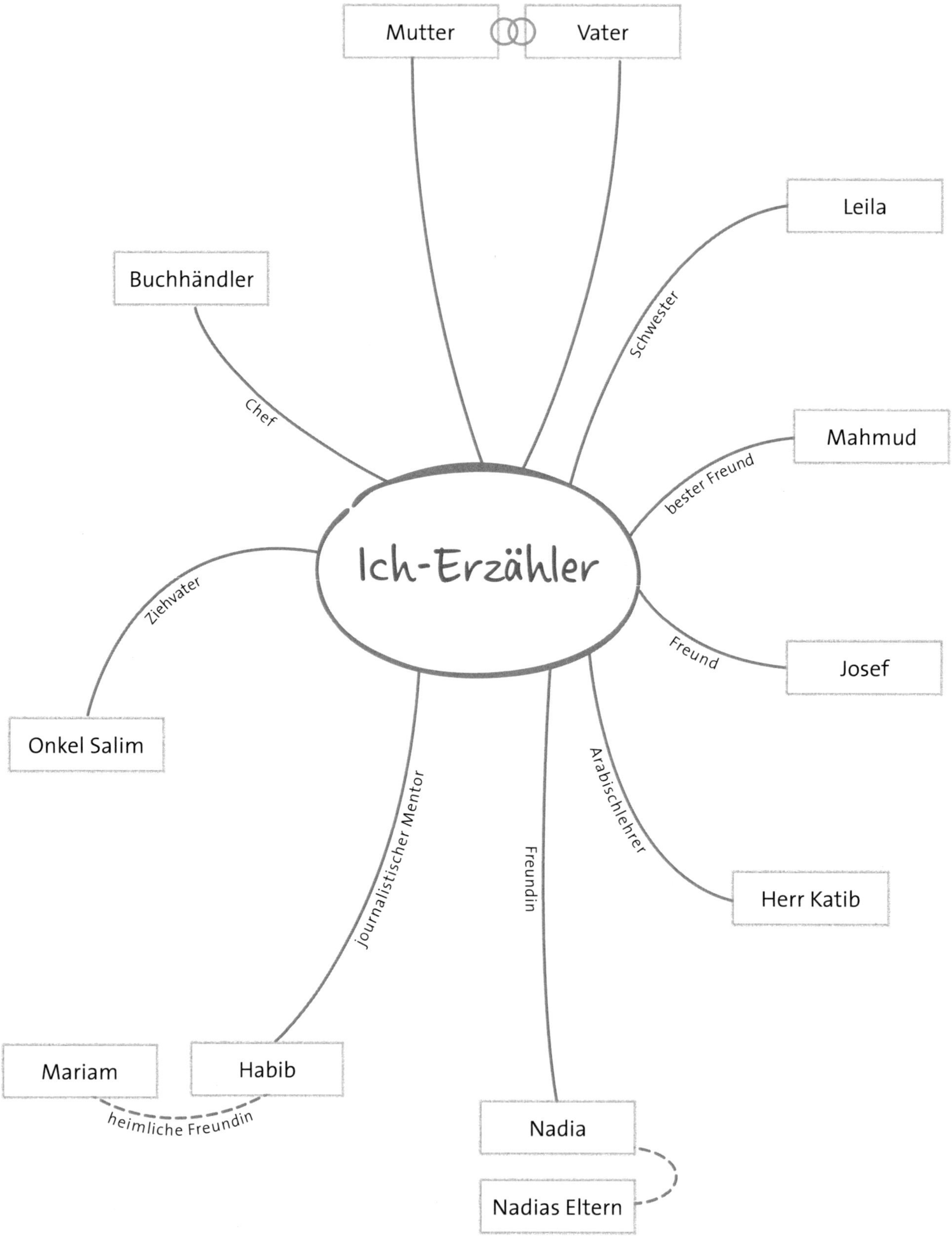

Ich-Erzähler

Mutter ∞ Vater

Leila – Schwester

Mahmud – bester Freund

Josef – Freund

Herr Katib – Arabischlehrer

Nadia – Freundin

Nadias Eltern

Habib – journalistischer Mentor

Mariam – heimliche Freundin

Onkel Salim – Ziehvater

Buchhändler – Chef

Lesezeichen und Zeilometer

RAFIK SCHAMI
EINE HAND VOLLER STERNE
GULLIVER

Dieses Lesezeichen hilft dir, einzelne Textstellen zu finden oder dich mit deinen Mitschülerinnen und Mitschülern über bestimmte Textstellen zu unterhalten. Lege dazu einfach das Zeilometer an den oberen Buchrand. Die Zahlen entsprechen dann den jeweiligen Zeilen. Du kannst dein Zeilometer auch individuell gestalten.

»Ein Tagebuch ist ein Rückspiegel«

Der Ich-Erzähler will jeden Tag schreiben …

1. Nenne typische Merkmale eines Tagebuchs. Wann würdest du eins führen?

Tipp

Ein Tagebuch ist ein persönlicher Text, in dem man Erlebnisse, Gedanken und Gefühle festhält. Es wird in der Ich-Form geschrieben und oft mit einem Datum begonnen. Der Schreibstil ist frei und ehrlich, es muss nicht alles perfekt sein. Viele schreiben Tagebuch, um sich besser zu erinnern oder Dinge zu verarbeiten.

2. Erkläre folgendes Zitat Onkel Salims und seinen Effekt auf den Ich-Erzähler.

»Von der Landschaft bleiben nur die Berge und später nur noch die Gipfel sichtbar und das Ganze taucht im Nebel unter. Hätte ich schreiben gelernt, könnte ich nicht nur die Berge, Felder und Täler sehen, sondern jeden Stachel einer Rose wieder erkennen. Was für großartige Menschen sind doch diese Chinesen!« (S. 5)

für Profis

Analysiere die sprachliche Gestaltung von Onkel Salims Worten. Du kannst darin zum Beispiel nach Symbolen und Metaphern suchen. Ein Symbol ist ein Zeichen oder Gegenstand, das/die über sich selbst hinaus auf etwas Allgemeines oder Abstraktes verweist. Eine Metapher ist ein bildhafter Ausdruck, bei dem ein Wort oder eine Vorstellung in einem anderen Zusammenhang gebraucht wird.

3. Prüfe anhand des Eintrags vom 21.1. (S. 6 f.), inwiefern das Tagebuch dem Ich-Erzähler hilft, sich besser zu verstehen.

4. Versetze dich in den Ich-Erzähler und schreibe einen Eintrag für den 22.1.

Tipp

In deinem Eintrag könntest du zum Beispiel über Onkel Salim, dich selbst oder das Schreiben nachdenken. Beginne mit einem der folgenden Sätze: »Heute war ein besonderer Tag, weil …«, »Ich habe lange über … nachgedacht«, »Onkel Salim hatte recht, als er sagte …«, »Ich will mir das aufschreiben, damit ich es nie vergesse …« Du musst keine perfekte Sprache benutzen, es geht um deine Gedanken und Beobachtungen. Der Ich-Erzähler schreibt auch nicht für andere, sondern für sich selbst.

5. Schneide das Zeilometer aus (→ **k.1**) und beginne einen Leseordner oder ein Lesetagebuch.

Methode

Der **Leseordner** oder das **Lesetagebuch** ist eine Methode, mit der du den Überblick über einen Roman behältst. Besorge einen Schnellhefter oder ein Schreibheft. Gestalte ein Deckblatt. Fertige ein Inhaltsverzeichnis an. Schreibe deine Fragen und Gedanken auf, die du beim Lesen hast. Schreibe Textstellen ab, die dir besonders gut gefallen. Füge einen privaten Teil ein, der nur dir zugänglich ist, wo du ganz persönliche Dinge aufschreibst.

Die Straße gehört uns Kindern

Der Ich-Erzähler stellt seinen Wohnort vor …

1. Lies den Eintrag vom 25.1. (S. 7 f.) und markiere alle Informationen über den Schauplatz Damaskus.

2. Vergleiche den Wohnort des Ich-Erzählers mit deinem eigenen Wohnort. Was schätzt du (jetzt) an deinem Wohnort?

	Wohnort des Ich-Erzählers	Mein Wohnort
Stadt		
Viertel		
Straße		
Innenhof		
Haus		
…		

Tipp: Du kannst dir auch folgende Fragen stellen: Wie sieht es bei dir vor dem Haus aus? Kennst du Nachbarn gut oder lebt jede Familie eher für sich? Was dürfen Kinder in deinem Viertel machen und was nicht? Wie groß ist deine Wohnung im Vergleich? Gibt es Ähnlichkeiten bei Gemeinschaft oder Streit?

3. Erläutere, wie der Ich-Erzähler und die anderen Kinder mit Ungerechtigkeit umgehen.

Tipp: Ziehe dazu folgenden Eintrag heran: 10.3. (S. 11)

für Profis: Erkläre, was folgendes Zitat über die sozialen Verhältnisse im Viertel des Ich-Erzählers aussagt: „Die Straße gehört uns Kindern, den Bettlern und fliegenden Händlern“ (S. 7).

4. Beurteile, ob das Viertel des Ich-Erzählers ein guter Ort für Kinder ist. Berücksichtige dabei folgende Aspekte:

- Miteinander
- Abenteuer
- Freiheit
- Gefahr

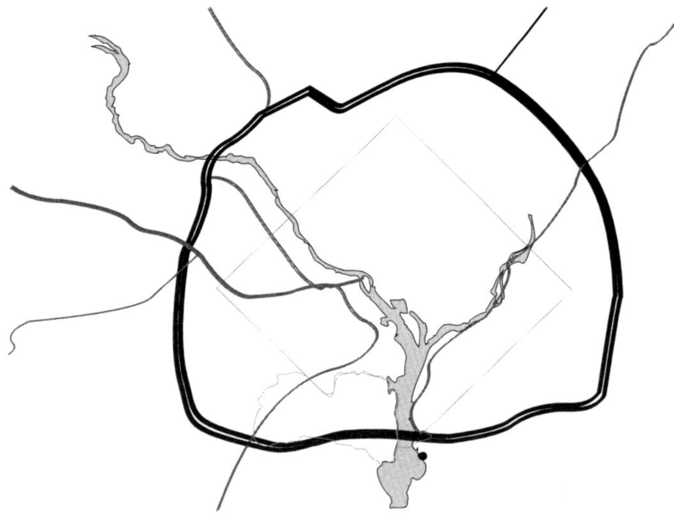

Mein Kopf ist wie ein Sieb

Der Ich-Erzähler stellt sich selbst vor …

1. Lies die Einträge vom 12.1. bis 27.4. (S. 5–17) und gib die wichtigsten Informationen über den Ich-Erzähler in einem Steckbrief an.

Methode

Der **Steckbrief** ist eine Methode, mit der du eine Figur aus einem Roman besser verstehen kannst. Er hilft dir, wichtige Informationen übersichtlich zu sammeln. Nimm ein Blatt Papier und schreibe den Namen oder die Bezeichnung der Figur als Überschrift. Notiere alle Angaben zu Alter, Wohnort, Familie, Freunde, Schule, Hobbys und Berufswunsch und ergänze die Seitenzahlen der entsprechenden Textstellen.

Alter:
Wohnort:
Familie:
Freunde:
Schule:
Hobbys:
Berufswunsch:

für Profis

Spekuliere darüber, warum der Autor dem Ich-Erzähler keinen Namen gegeben hat (→ **i.2**). Welchen (arabischen) Namen würdest du ihm geben? Weitere Informationen findest du Internet zum Beispiel auf: www.vorname.com (Stand: März 2025).

2. Erläutere, warum der Ich-Erzähler Onkel Salim als Freund bezeichnet, obwohl sie so unterschiedlich alt sind. Hast du auch einen älteren Menschen, dem du dich anvertrauen kannst?

Tipp

Ziehe dazu zum Beispiel folgendes Zitat heran: »Toll, Onkel Salim schämt sich nie meiner Freundschaft, auch wenn mein Vater mich in seiner Wut zu den schlimmsten Gaunern zählt. Wie oft wünsche ich, dass dieser Mann nie sterben soll« (S. 51).

3. Stelle anhand des Eintrags vom 20.3. (S. 12 ff.) fest, wie sich der Ich-Erzähler anpasst und warum er das wohl tut.

4. Vergleiche dich mit dem Ich-Erzähler, in welchen Punkten du denkst, fühlst oder handelst wie er und in welchen Punkten eher nicht.

Unsere Ähnlichkeiten	Unsere Unterschiede

»Schade, dass ich nicht schreiben kann«

1. Lies den Eintrag vom 10.2. (S. 8 ff.) und gib das Alter und den (früheren) Beruf von Onkel Salim an. Welches Bild bekommst du schon von seinem Charakter?

Alter: ____

Beruf: ____

→ Charakter: ____________________________________

____

2. Bestimme weitere Charaktereigenschaften von Onkel Salim mithilfe folgender Textstellen:

- »Onkel Salim erzählt oft Geschichten von Feen.« (S. 10)
- »Er weiß besser als unsere Lehrer Bescheid über alles, was in der Welt passiert.« (S. 14)
- »›[Der Journalist] hat nur ein Stück Papier und einen Bleistift und damit macht er einer Regierung mit ihrer Armee und der Polizei Angst.‹« (S. 15)
- »Heute aber war es eine tolle Überraschung für mich, als Onkel Salim, während er erzählte, im Regal nach einer Schatulle suchte, sie herausnahm und öffnete. Und was war darin? Der ausgeschnittene Artikel über ihn!« (S. 20)

3. Erkläre, warum Onkel Salim für den Ich-Erzähler so wichtig ist.

Tipp: Berücksichtige dabei das Gespräch übers Schreiben (Eintrag vom 12.1.), über Journalisten (Eintrag vom 30.3.) und über Märchen (Eintrag vom 15.5.). Warum nennt der Ich-Erzähler ihn »Onkel«?

4. Schätze im Vergleich mit anderen Erwachsenen (Eltern, Lehrer …) ein, was Onkel Salim besonders macht.

für Profis: Entscheide, ob Onkel Salim ein Träumer oder ein Weiser ist. Ein Träumer ist jemand, der mit Fantasie in andere Welten denkt, große Ideen hat oder sich Dinge wünscht, die (noch) nicht real sind. Träumer sehen oft mehr, als da ist. Aber manchmal übersehen sie auch die Realität. Ein Weiser hingegen ist jemand, der viel Lebenserfahrung hat, gut zuhört, nachdenkt und kluge Dinge sagt. Weise Menschen helfen anderen, die Welt besser zu verstehen. Oft geschieht das mit einfachen, aber tiefgründigen Worten.

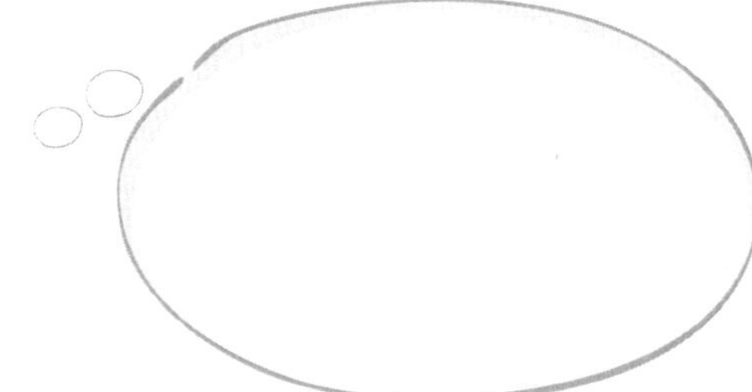

»Wozu die Schule?«

Der Ich-Erzähler muss die Schule verlassen …

1. Lies den Eintrag vom 1.6. (S. 20–23) und wiederhole in eigenen Worten, wie der Vater auf das Zeugnis des Ich-Erzählers reagiert.

2. Stelle Argumente des Vaters, die Schule zu verlassen, Argumenten des Ich-Erzählers gegenüber, in der Schule zu bleiben.

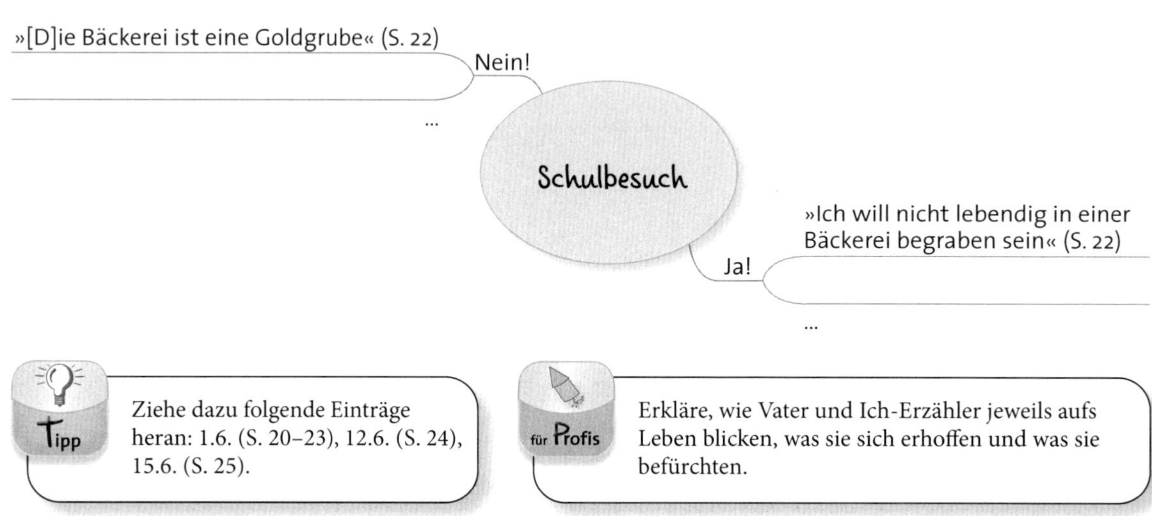

3. Bearbeitet eine der folgenden Aufgaben.

A Der Ich-Erzähler sucht seinen Vater auf, um ihn vom weiteren Schulbesuch zu überzeugen. Spielt das Gespräch zwischen Vater und Sohn als Rollenspiel. Markiert zur Vorbereitung noch einmal die Argumente beider Seiten in folgenden Einträgen: 1.6. (S. 20–23), 12.6. (S. 24), 15.6. (S. 25).

B Herr Katib sucht den Vater auf, um ihn vom weiteren Schulbesuch seines Sohnes zu überzeugen. Schreibt das Gespräch zwischen Vater und Lehrer als Dialog (Sprechernamen, Redetext, Regieanweisungen). Markiert zur Vorbereitung die Argumente beider Seiten in folgendem Eintrag: 14.2. (S. 103 ff.).

4. Führt eine Fishbowl-Diskussion über den Sinn von Schule durch.

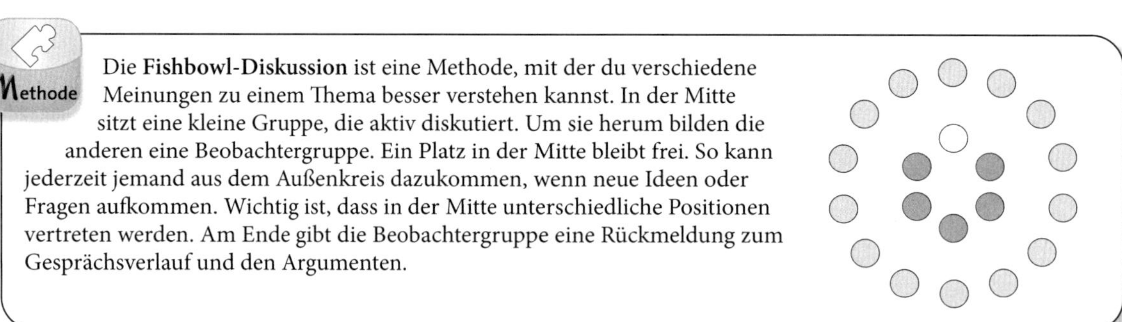

»Ich träume laut«

Der Ich-Erzähler schreibt mit seinem Freund Mahmud eigene Texte …

1. Lies den Eintrag vom 14.11. (S. 72 f.) und beschreibe …

… die Reaktion des Lehrers: ______________________________

… die Reaktion der Klasse: ______________________________

… die Gefühle des Ich-Erzählers: ______________________________

2. Erkläre, was den Unterricht bei Herrn Katib vom Unterricht im Kloster unterscheidet. Welchen Unterricht magst du an deiner eigenen Schule?

Tipp: Ziehe dazu folgende Einträge heran: 10.2. (S. 8 ff.), 11.10. (S. 64).

3. Verfasse das Gedicht »Ich träume laut« des Ich-Erzählers.

Wovon träumt der Ich-Erzähler?

Warum möchte er es laut sagen?

Wie klingt sein Gedicht?

Wer hört ihm zu?

Passt der Titel zu seinem Gedicht?

Wie möchte er es sagen?

Ist er mit seinem Gedicht zufrieden?

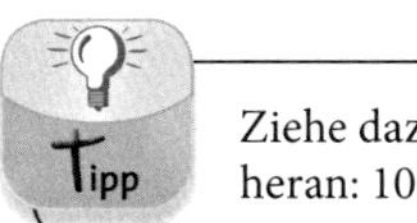

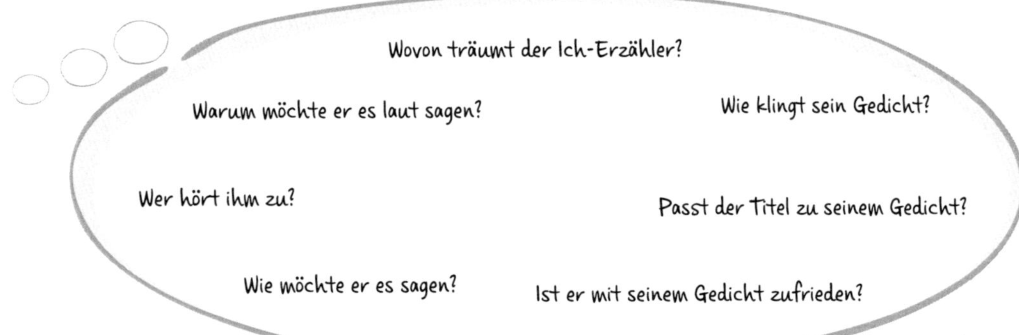

für Profis: Prüfe, was die Geschichte vom »Verrückten« beim Ich-Erzähler bewirkt. Ziehe dazu folgenden Eintrag heran: 13.11. (S. 71 f.)

4. Übertrage deine eigenen Träume und Wünsche auf folgenden Zeitstrahl.

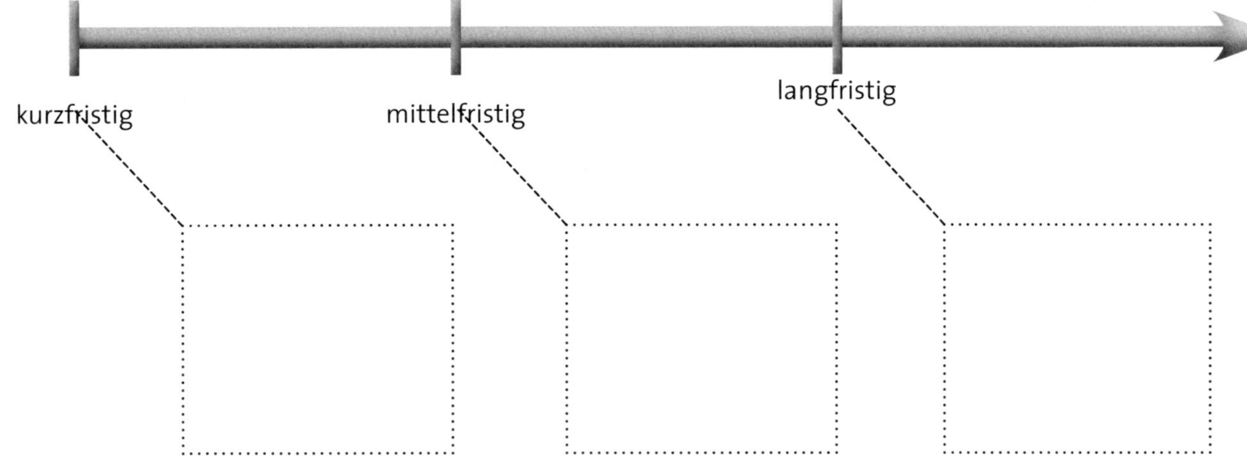

Warum ich Gedichte schreibe? (1)

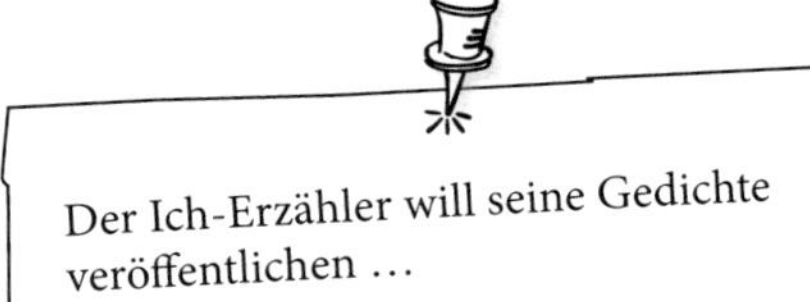

1. Lies den Eintrag vom 21.11. (S. 76 f.) und fasse zusammen, was Herr Katib dem Ich-Erzähler vorschlägt und was der Ich-Erzähler dabei denkt und fühlt. Wie wäre es dir gegangen?

2. Erkläre mithilfe folgenden Clusters, warum dem Ich-Erzähler der Brief schwerfällt.

Alter

Umgebung

»Jetzt habe ich dreimal einen Brief angefangen, aber jedes Mal wurde er zu lang.« (S. 77)

Gedanken

Herkunft

Gefühle

3. Analysiere den Eintrag vom 22.11. (S. 77 f.) dahingehend, welche Argumente der Ich-Erzähler nennt, um ernst genommen zu werden.

Argument 1 (Herr Katib): ______________________________

Argument 2 (Jarir): ______________________________

Argument 3 (Onkel Salim): ______________________________

Argument 4 (Eltern): ______________________________

Argument 5 (Ich-Erzähler): ______________________________

Warum ich Gedichte schreibe? (2)

4. Versetze dich in den Ich-Erzähler und schreibe den Brief an den Verleger, in dem du folgende Formatvorlage beachtest:

Absender
(vollständiger Name
und Adresse)

Empfänger
(Firmenname/Name
und Adresse)

Ort, Datum

Betreff
(Hier steht in kurzen Stichworten, worum es in dem Brief geht)

Anrede
(Wenn der Name des Empfängers/der Empfängerin bekannt ist: Sehr geehrte/r Frau/Herr; wenn der Name des Empfängers/der Empfängerin nicht bekannt ist: Sehr geehrte Damen und Herren)

BRIEFTEXT
BRIEFTEXT

Der Inhalt des Briefes richtet sich danach, was der Ich-Erzähler geschrieben hat:
- Bleibe sachlich!
- Schreibe keine Nebensächlichkeiten.
- Achte auf die Gliederung.

BRIEFTEXT
BRIEFTEXT

Grußformel
(z. B. Mit freundlichen Grüßen)

Name/Unterschrift

Versetze dich in den Verleger und schreibe einen Antwortbrief an den Ich-Erzähler.
Ziehe dazu folgenden Eintrag heran: 15.12. (S. 90 f.).

Mein Vater nörgelt immer wieder herum

Der Ich-Erzähler hat Probleme mit seinem Vater …

1. Lies noch einmal den Eintrag vom 1.6. (S. 20–23) und beschreibe, wie (unterschiedlich) der Vater und die Mutter auf das Zeugnis des Ich-Erzählers reagieren. Kennst du das von deinen Eltern?

2. Stelle dem Eintrag vom 1.6. den Eintrag vom 24.6. (S. 132–136) gegenüber und stelle dar, wie sich das Verhältnis zwischen dem Ich-Erzähler und dem Vater verändert.

Eintrag vom 1.6. → Eintrag vom 24.6.

3. Versetze dich in den Vater und schreibe einen inneren Monolog, nachdem du erfahren hast, dass dein Sohn Buchhändler wird.

Methode

Der **innere Monolog** ist eine Methode, mit der du die Gedanken und Gefühle einer Figur in einem bestimmten Moment nachvollziehen kannst. Du schreibst in der Ich-Form und gibst wieder, was die Figur nicht laut ausspricht, aber innerlich denkt. In dieser Aufgabe versetzt du dich in den Vater hinein, der erfährt, dass sein Sohn Buchhändler werden will. Ziehe dazu folgenden Eintrag heran: 6.9. (S. 153) Wichtig ist, dass du ehrlich und widersprüchlich denken darfst – wie echte Menschen. So verstehst du seine Reaktion auf den Entschluss besser.

4. Rekonstruiere die Beziehungen folgender Figuren, indem du ihre Namen verbindest und die Verbindungslinien aussagekräftig beschriftest (Freund, Chef …).

für Profis

Bewerte die Beziehungen, indem du über die Verbindungslinien Smileys zeichnest (positiv: 😊, negativ: ☹, neutral: 😐) Achtung: Im Laufe des Romans verändert sich die Beziehung einiger Figuren zueinander. Zeichne dann mehrere Smileys.

»Aber ich will Journalist werden ...«

Der Ich-Erzähler beginnt journalistisch zu arbeiten ...

1. Lies den Eintrag vom 15.3. (S. 185 f.) und schildere, wie der Ich-Erzähler auf die Idee mit der Sockenzeitung kommt. Würdest du sie auf dem Bazar oder vorm Supermarkt verteilen?

2. Bearbeite eine der folgenden Aufgaben.

A »Habib schreibt einen Artikel übers Gefängnis« (S. 188): Recherchiere zunächst entsprechende Informationen auf S. 176 f. Notiere dir dann Stichpunkte. Schreibe schließlich Habibs Artikel für die erste Ausgabe der Sockenzeitung über den Umgang mit Häftlingen in den Gefängnissen von Damaskus.

B »Ich will über den Verrückten von Damaskus schreiben« (S. 188): Recherchiere zunächst entsprechende Informationen auf S. 71 f., 79 f., 81–87, 168 und 177–180. Notiere dir dann Stichpunkte. Schreibe schließlich den Artikel des Ich-Erzählers für die erste Ausgabe der Sockenzeitung über den »Verrückten von Damaskus«.

C »Sieben Fragen, für jeden Tag eine« (S. 188): Recherchiere zunächst entsprechende Informationen auf S. 189. Notiere dir dann Mahmuds vier Fragen. Schreibe schließlich weitere drei Fragen für Mahmuds Artikel für die erste Ausgabe der Sockenzeitung.

Methode

Die **Redaktionskonferenz** ist eine Methode, mit der du im Team Texte planst, besprichst und überarbeitest. Du versetzt dich in die Rolle einer Redaktion, die gemeinsam überlegt, welche Themen wichtig sind, wie Beiträge aussehen sollen und wer was übernimmt. In dieser Aufgabe besprecht ihr z. B., welche Inhalte in der Sockenzeitung stehen könnten. Wichtig ist, dass ihr einander zuhört, Kritik gebt, Ideen weiterspinnt und am Ende entscheidet, was gedruckt wird. So entsteht eine Zeitung als Teamarbeit.

3. Führt eine Redaktionskonferenz durch und entscheidet, welcher Artikel in eure Sockenzeitung käme.

4. Entwerft weitere Artikel über Themen an eurer Schule, die ihr als »Sockenzeitung«, »Orangenverpackung« oder »Tablettenzettel« aushängt oder verteilt.

für Profis

Versetze dich in die Rolle eines Chefredakteurs und schreibe das Vorwort zur ersten Ausgabe eurer Zeitung. Warum habt ihr die Zeitung ins Leben gerufen? Welche Themen wollt ihr darin behandeln? Was ist euer Ziel und wer ist eure Zielgruppe? Warum habt ihr gerade diese Form gewählt?

Eine Hand voller Sterne

Der Ich-Erzähler taucht in Pressestimmen auf …

1. Lies die Pressestimmen zum Roman (→ **i.2**) und beantworte folgende Fragen:

- Wer hat das Buch geschrieben? ____________________
- Worum geht es im Buch? (kurze Inhaltsangabe) ____________________
- Was ist das Besondere am Buch? ____________________
- Wie ist der Stil? ____________________
- Für wen ist das Buch geeignet? ____________________
- Wie fällt das Urteil aus? ____________________

2. Schreibe deine eigene Rezension zum Roman. Was ist dein persönliches Fazit?

Methode

Die **Rezension** ist eine Methode, mit der du deine Meinung zu einem Buch sachlich und begründet ausdrücken kannst. Du gibst zunächst Titel, Autor, Erscheinungsjahr und Genre an. Dann fasst du den Inhalt kurz zusammen – ohne zu viel zu verraten. Anschließend bewertest du das Buch: Was hat dir gefallen, was nicht? Wie fandest du Sprache, Figuren und Handlung? Am Ende sprichst du eine Empfehlung aus. Wichtig ist, dass du ehrlich und nachvollziehbar schreibst – ohne zu spoilern.

für Profis

Vergleiche deine Rezension mit mindestens zwei Pressestimmen (→ **i.2**). Worin stimmen eure Urteile überein? Gibt es Unterschiede in der Bewertung? Welche Argumente findest du besonders überzeugend?

3. Lies deine Rezension gestaltend vor und hole dir Feedback ein.

Methode

Beim **gestaltenden Vorlesen** versiehst du einen Text(abschnitt) mit Vortragszeichen, studierst ihn ein und trägst ihn vor. Du kannst beispielsweise folgende Zeichen verwenden:

Lautstärke	< >	Betonung	v	Artikulation	*traurig, wütend, sachlich …*
Geschwindigkeit	→←	Pause	|	Mimik	☺ ☹ 😐

Feedbackbogen:

- ☐ Ist der Aufbau klar?
- ☐ Wird deutlich, wie der Text bewertet wird?
- ☐ Ist die Meinung nachvollziehbar begründet?
- ☐ Das will ich sonst noch sagen: ____________________

Feedback-Bogen

Du kennst das Buch nun sehr gut. Jetzt sollst du deine Meinung zum Roman darstellen und begründen.

1. Welche Figur aus dem Roman fandest du am sympathischsten? ____________________

2. Welche Figur aus dem Roman fandest du am unsympathischsten? ____________________

3. Welche Szene oder welchen Tagebucheintrag fandest du besonders eindrucksvoll?

____

____

4. Gibt es etwas, was dir am Buch nicht so gut gefallen hat? ____________________

____

5. Jetzt ist dein Urteil gefragt! Kreuze an.

	stimmt total	stimmt	geht so	stimmt nicht
a) Ich fand das Buch spannend zu lesen.	○	○	○	○
b) Ich finde es interessant, etwas über das Leben von Jugendlichen in Damaskus zu erfahren.	○	○	○	○
c) Mir hat gefallen, dass der Junge (Ich-Erzähler) sein Berufsziel weiterverfolgt.	○	○	○	○
d) Einige Beschreibungen in dem Buch haben mir Angst gemacht.	○	○	○	○
e) Ich könnte mir vorstellen, für eine Zeitung wie die »Sockenzeitung« Artikel zu schreiben.	○	○	○	○
f) Mir gefällt der Schluss des Romans.	○	○	○	○

6. Wie fandest du das Buch insgesamt?

☐ sehr gut ☐ gut ☐ geht so ☐ nicht so gut ☐ schlecht

Begründe deine Antwort: ____________________

____

Lösungsvorschläge

1. Ich-Form, Datum, persönliche Gedanken, frei, ehrlich, unperfekt, Erinnerungshilfe, Verarbeitung
2. Schreiben bewahrt Details, Lob aufs Schreiben, regt Ich-Erzähler an
   PROFI: Symbole Stachel (Details), Rose (Verletzlichkeit); Metaphern Landschaft (Erinnerung), Gipfel (große Ereignisse/ Erinnerungen)
3. klärt Gedanken, zeigt Unsicherheit, hilft beim Verstehen, stärkt Selbstvertrauen

1. Ost-Damaskus, enge Gassen, Lehmhäuser, Innenhöfe, flache Dächer, Kinder auf Straße, Paulus-Kirche, Touristen
3. mutig, kreativ, verteidigen Straße, z. B. Josef mit Steinwurf
   PROFI: zeigt Armut, wenig Kontrolle, Straße = Treffpunkt, wenig Privatsphäre
4. gutes Miteinander, viel Kontakt mit Nachbarn, Innenhöfe fördern Gemeinschaft, Abenteuer auf den Dächern und in der Gasse, Freiheit beim Spielen auf der Straße, wenig Kontrolle durch Erwachsene, aber auch Gefahren durch Polizei, Autos oder Verfolgung, unsichere Lebensumstände, enge Räume, Armut sichtbar, Mischung aus Geborgenheit und Risiko

1. 14 Jahre, Damaskus, Bäckersohn, Schwester Leila, Freunde Mahmud & Josef, schreibt Gedichte, will Journalist werden, sensibel, neugierig, rebellisch
   PROFI: wirkt universell, steht für viele Jugendliche
2. Vertrauter, Mentor, generationsübergreifende Freundschaft, inspiriert, tröstet
3. erfindet Festessen, passt sich an, versteckt Armut, will Anerkennung

1. 75, Kutscher, erfahren, aus der Zeit gefallen, fantasievoll, interessant
2. fantasievoll, interessiert, kritisch, stolz
3. Zuhörer, Vorbild, ersetzt Vaterfigur, nennt ihn »Onkel« aus Respekt
4. Onkel: offen, liebevoll, Vater: streng, Mutter: fürsorglich, Lehrer: inspirierend
   PROFI: Träumer (Feen, Magie), Weiser (tiefgründig, bildungsnah)

1. ignoriert Erfolg, spricht von Bäckerei als »Goldgrube«, enttäuscht Sohn
2. Vater: Schule unnütz, Handwerk sicher; Ich-Erzähler: Bildung = Freiheit, träumt, glaubt an sich
   PROFI: Vater realistisch, will keine Veränderung; Sohn idealistisch, will Veränderung

1. Lehrer lobt; Klasse hört zu; Ich-Erzähler ist stolz, wächst über sich hinaus
2. Katib: kreativ, offen;
   Kloster: streng, kontrollierend
3. träumt von Freiheit, will andere teilhaben lassen, Klasse hört zu, reklamiert es lautstark = mutig, klingt beeindruckend, Titel passt (?)
   PROFI: »Verrückter« widerspricht Autorität mit Gesang, zeigt Zivilcourage, stellt Glaube über Dogma, beeindruckt die Gläubigen, bricht mit Erwartungen, inspiriert Ich-Erzähler, macht Mut, anders zu sein und gehört zu werden

1. Katib schlägt Verlag vor, Ich-Erzähler überrascht, stolz, träumt, aber unsicher
2. zu jung, unsicher, nervös, Eltern verstehen es nicht, Schwester stört beim Schreiben
3. Katib hat Gedicht gelobt, Jarir war jung, Onkel Salim ist sein Vorbild, Eltern haben nicht geholfen, alles selbst geschrieben

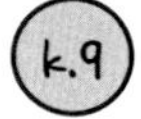

1. Vater: abwertend, rücksichtslos vor anderen; Mutter: stolz, lobend vor anderen
2. 1.6.: Vater ablehnend;
   24.6.: anerkennend, Entwicklung positiv
4. PROFI:
   Ich-Erzähler – Vater: erst distanziert ☹, später respektvoll ☺;
   Ich-Erzähler – Mutter: liebevoll ☺;
   Ich-Erzähler – Onkel Salim: eng, inspirierend ☺;
   Ich-Erzähler – Herr Katib: unterstützend, fördernd ☺;
   Ich-Erzähler – Habib: eng, vertrauensvoll ☺;
   Ich-Erzähler – Mahmud & Josef: echte Freunde ☺;
   Ich-Erzähler – Mariam: freundschaftlich, vertrauensvoll ☺;
   Ich-Erzähler – Schule/Kirche: zwiespältig 😐;
   Vater – Herr Katib: skeptisch ☹;
   Onkel Salim – Ich-Erzähler: Vorbild, Ratgeber ☺

1. Sockenpapier auf Basar, Idee: versteckte Zeitung
2. A) Haft ohne Grund, Isolation, Gewalt, Willkür;
   B) Freiheitsfigur, Außenseiter, respektiert;
   C) »Hast du je die ärmliche Hütte eines Ministers gesehen?« »Hast du heute genug gegessen?« »Hast du deinen Staatspräsidenten um Erlaubnis gebeten zu atmen?« »Hast du heute überlegt, wie viel Kilo Brot ein Panzer kostet?«

1. Rafik Schami; Junge will Journalist werden; in Tagebuchform; märchenhaft & realistisch; für Jugendliche, Erwachsene, politisch Interessierte; sehr positiv, bewegend, Hoffnung & Mut